ONTDEK DE VERBORGEN MACHINE

OEE voor het Productieteam

DE COMPLETE OEE GEBRUIKERSGIDS

ARNO KOCH

Arno Koch

Uitgeverij FullFact BV
Heuvel 11
5737 BX Lieshout
Nederland

Tel. +31-(0)499- 42 38 72

info@FullFact.com
www.FullFact.com
www.OEEToolkit.com

Grafische vormgeving: Rudi Haryono
Illustraties: Ad Oskam
Redactie: Jeroen Neve

ISBN/EAN: 978-90-78210-07-8

© 2007 Arno Koch.

Alle rechten voorbehouden. Nederlandse versie uitgegeven door uitgeverij Fullfact BV. Niets uit deze uitgave mag worden verveelvoudigd en/of openbaar gemaakt, door middel van druk, fotokopie, microfilm of welke wijze dan ook, zonder voorgaande schriftelijke toestemming van uitgever.

Alle genoemde handelsmerken zijn het eigendom van hun respectievelijke eigenaren en worden in deze publicatie slechts gebruikt ter identificatie.

In dankbaarheid opgedragen
aan mijn leermeester Steven Blom.

Voorwoord

De Overall Equipment Effectiveness (OEE) heeft een opmerkelijke carrière achter zich. Sinds de 'uitvinding' van OEE door Seiichi Nakajima in de jaren 60, zijn de voordelen van dit productiviteits-kengetal door steeds meer ondernemingen onderkend. De OEE heeft in duizenden bedrijven zijn nut bewezen, legt meedogenloos verliezen bloot en draagt ertoe bij dat deze effectief weggewerkt kunnen worden.

De basisstructuur van de OEE is zeer eenvoudig. Het venijn zit echter in de details. Daardoor wordt de OEE helaas heel vaak verkeerd begrepen of verkeerd toegepast. Vandaar dat dit boek, dat duidelijkheid over de OEE verschaft en bedrijven de helpende hand biedt om de OEE op de juiste manier te gebruiken, meer dan welkom is. Auteur Arno Koch heeft zich door middel van publicaties en de ontwikkeling van software al jaren sterk gemaakt voor het gebruik van de OEE. Ik hoop dan ook dat zijn boek een breed publiek zal bereiken, om zo een algemeen erkend begrip van OEE te bevorderen en meer ondernemingen over te halen de OEE te gebruiken.

Prof. dr. Constantin May
Director Centre of Excellence for TPM

Inhoudsopgave

1. Om te beginnen	**1**
Wat beschrijft dit boek?	3
Waar is dit boek op gebaseerd?	4
Voor wie is dit boek bedoeld?	4
Twee manieren om het boek te gebruiken	4
Als u niet alles wilt lezen…	5
Wie leest wat?	6
Voert u de meting uit, of ondersteunt u?	6
Wilt u alleen de kern van OEE weten?	6
2. Over OEE en TPM	**7**
Wat is TPM?	9
Wat is OEE en waarom is het belangrijk?	9
OEE legt focus op machines, niet op personen	10
Het doel van de meting is VERBETEREN	10
Waar komen OEE en TPM vandaan?	11
TPM legt focus op machines	11
De relatie tussen OEE, Lean en Six Sigma	11
'Lean Manufacturing' en 'Flow'	12
Six Sigma	12
De rol van het productieteam bij OEE	13
De rol van het management	15
Een visie…	15
De rol van het management bij OEE	17

3. Machineverliezen — 21

Verliezen reduceren de capaciteit! — 23
Verliezen maken moe! — 23
De Zes Grote Verliezen — 24
Een andere manier van kijken… — 25
Beschikbaarheidsverlies — 26
    Wanneer begint 'produceren'? — 27
Snelheidsverlies — 28
Kwaliteitsverlies — 29
Verliezen in verschillende soorten productie — 30
    Typische verliezen in discrete productie — 30
    Typische grote verliezen in batchproductie — 31
    Typische grote verliezen in procesproductie — 32
Hebben wij een verborgen machine? — 33
Verliezen zichtbaar maken! — 33

4. Hoe wordt OEE berekend? — 39

De drie vragen: — 41
    1. Draait de machine of niet? — 41
    2. Hoe snel draait de machine? — 41
    3. Hoeveel producten voldoen aan de specificaties? — 42
Case: Klooster Bier & Bubbels — 48
    Casebeschrijving — 49
    Oefening 1: Het berekenen van een OEE — 50
    Oefening 2: OEE 'malverseren' — 51
Hoe ziet úw belangrijkste machine eruit? — 52
    Oefening 3: Inschatting eigen situatie — 52
Wat maakt OEE zo bijzonder? — 54

5. OEE Meten & Rapporteren — 57

Meten & Rapporteren: 'Feedback Loop' — 60
   Snelheid is cruciaal! — 60

Welke gegevens verzamelen? — 61

Eenvoudig gegevens verzamelen — 63

Geavanceerd gegevens verzamelen — 66
   Psychologische hindernissen — 66
   Technische hindernissen — 67
   Implementatiesnelheid als hindernis — 70
   Kosten hindernissen — 70

Wanneer wel automatisch registreren? — 71
   Als het in één dag in te voeren is — 71
   Als het iets toevoegt voor het team — 71
   Als het team weet voor welk probleem dit een oplossing is — 71
   Eén operator beheert meerdere verschillende installaties — 72

Aansluiten bij taal en beleving van de vloer — 73

OEE-data opslaan — 73

Automatiseringsvalkuilen — 75
   IT-gericht versus productiegericht: pas op voor technocratie! — 75

OEE-gegevens verwerken — 76
   Wie verwerkt de gegevens? — 76
   Wie verwerkt de gegevens níet? — 77
   Hoe worden gegevens verwerkt en hoeveel tijd kost dit? — 78
   Problemen bij OEE-dataverwerking — 79
   Hoe dan wel? — 79

OEE-data omzetten naar informatie — 81
   Heldere feedback: Grafieken! — 81

OEE-gegevens naar de vloer brengen — 84
   Het nut van een 'OEE-cockpit' — 84

6. OEE Verbeteren	**89**
Verbeteren met OEE	91
Hoeveel verbetering is een verbetering?	92
De relatie tussen OEE en output	92
Oefening 4: OEE en output	92
Hoe bereken ik de outputstijging?	93
Wanneer is een hogere OEE géén goed nieuws?	96
Situatie 1: Meer afval	96
Situatie 2: Voorraad stijgt	97
Situatie 3: Hogere effectiviteit, lagere efficiency	99
Situatie 4: OEE wordt onstabiel	100
Voorbeeld continu verbeteren:	102
'Target based' verbeteren met OEE	105
Voorbeeld 'target based' verbeteren:	106
De wens tot verbetering	106
Het gevolg	106
Het zoeken naar mogelijke wegen	106
Het verliesplaatje geeft richting	108
Conclusie	111
7. Wat bereikt u met OEE?	**115**
Resultaat OEE	117
Maar wat levert het op?	117
De verborgen machine	119
Verdubbeling van de output	119
Halvering van de kosten	120
'Gelazerminimalisatie'	120
Betrokkenheid productieteam	120
Effect op de operator	121
Effect op de leidinggevende	122
Respect en vertrouwen	122

Betrouwbaarheid en voorspelbaarheid	124
Tactiek: vliegwieleffect	125

8. Wat is OEE níet? — 129

Wat OEE níet is…	131
'Aantallen per uur' is slechts een deel van OEE	131
OEE is geen benchmark tool	132
Oefening 5: OEE's vergelijken	132
OEE is geen 'afrekeninstrument'	134
OEE meet geen personen	135
OEE verandert niets!	135
Negatieve effecten op de productievloer	136
Negatieve effecten voor de leidinggevende	137

9. De invoering van OEE — 141

Stap 1: Selecteer een (pilot) machine	143
Stap 2. Zet OEE definities op	144
Oefening 6: De standaard	145
Oefening 7: De standaard voor een lijn	147
Wat is het moeilijkst?	148
Stap 3. Ontwerp een OEE-formulier	149
Richtlijnen	151
Valkuilen	151
Oefening 8: Het berekenen van OEE	152
Stap 4. Train het team	153
Stap 5. Verzamelen van OEE-data	155
Stap 6. Verwerken OEE-data	155
Stap 7. Geef feedback aan de operators	156
Stap 8. Informeer uw management	157

Bijlagen   161

1. Uitwerkingen oefeningen   162

    Uitwerking 1: Het berekenen van een OEE   162
    Uitwerking 2: OEE 'malverseren'   163
    Uitwerking 4: OEE en output   164
    Uitwerking 5: OEE's vergelijken   165
    Uitwerking 6: De standaard   166
    Uitwerking 7: De standaard voor een lijn   167
    Uitwerking 8: Het berekenen van een OEE   168

2. Websites   169

3. Aanbevolen Literatuur: 170

4. Training en begeleiding   171

5. OEE-software   172

1

Om te beginnen

In dit hoofdstuk:

Het mysterie van de verborgen machine.

Waar is dit boek op gebaseerd?

Doel en gebruik van dit boek.

OM TE BEGINNEN

Het mysterie van de verborgen machine

Geloof het of niet, maar in de meeste fabrieken staat naast élke machine nog een zelfde verborgen machine. Het is de kunst deze verborgen machine zichtbaar te maken en te gebruiken. Dit boek geeft u de sleutel hiertoe.

Uw eerste reactie is misschien: 'Dat geloof ik niet, we zijn toch niet gek?'. Nee natuurlijk niet! Tot nu toe bent u zelfs succesvol geweest, uw bedrijf bestaat immers nog steeds en hopelijk maakt u winst en zult u ook volgend jaar nog bestaan.

Maar het is óók een feit dat je niet ziet waar je niet op let. Hoeveel lantaarnpalen heeft u vanmorgen op weg naar uw werk gezien? Waar stonden ze? Hoe zagen ze er uit? Welke types kwam u tegen? Deden ze het allemaal? Stel, u doet vandaag een 'cursus lantaarnpalen'... Wedden dat u straks óveral lantaarnpalen ziet?

Welnu, we gaan geen cursus lantaarnpalen doen, maar een cursus 'verborgen machines'. Wedden dat u straks óveral productiecapaciteit ziet 'liggen', klaar om ingezet te worden?

Aan de slag!

OM TE BEGINNEN

– ONTDEK DE VERBORGEN MACHINE! –

Wat beschrijft dit boek?

Dit boek beschrijft een aanpak om te leren zien waar in uw fabriek de mogelijkheden liggen om met mínder moeite meer goed product op het juiste moment te maken.

OM TE BEGINNEN

Waar is dit boek op gebaseerd?

De bron van de kennis in dit boek ligt in Japan, om te beginnen bij Seiichi Nakajima die in het boek 'TPM tenkai' (1982, JIPM Tokyo) voor het eerst de OEE methodiek beschreef als centraal onderdeel van de TPM methode, waarover later meer. De zeer algemene beschrijving van OEE door 'Nakajima-san' kon ik in de praktijk verder ontwikkelen en verfijnen, allereerst op basis van de inzichten opgedaan bij Fuji Photo-Film door haar toenmalige directeur Steven Blom. Vanaf 1998 werkte ik nauw samen met editors en auteurs van Productivity Press (Or, USA) waar veel van de Japanse TPM literatuur vertaald en bewerkt werd naar de standaard werken zoals nu door veel bedrijven gebruikt. De ervaring opgedaan bij de invoering van OEE op een groot aantal zeer verschillende machines en installaties in zowel batch- proces- als discrete industrieën over heel de wereld zorgden er vervolgens voor dat 'mooie theorieën' de praktische handvaten kregen die u in dit boek terug zult vinden.

Voor wie is dit boek bedoeld?

Om de verborgen machine zichtbaar te maken, kunnen **operators**, **onderhoudsmensen** en **teamleiders** onmiddellijk aan de slag gaan. Willen we de capaciteit van deze machine zinvol gaan benutten, dan zal iedereen die op enige wijze bij de machine betrokken is, aandeel aan de verbetering moeten leveren.

Management en stafdiensten, die willen begrijpen wat mogelijk is en hoe dat werkt, maar vooral wat hun bijdrage moet zijn aan een effectieve productie, krijgen in dit boek de nodige handgrepen.

Twee manieren om het boek te gebruiken

Dit boek is geschreven om op de volgende manieren gebruikt te kunnen worden:

1. als leerboek voor zelfstudie;
2. als lesboek voor bedrijfstrainingen en studierichtingen productietechniek etc.

OM TE BEGINNEN

Als u niet alles wilt lezen...

Dit boek is opgebouwd uit kernpunten, uitleg van die kernpunten en vervolgens verdieping van de besproken punten. Aan het eind van elk blok vindt u een aantal vragen, die u helpen om de stof goed te doorgronden. U kunt ermee voor uzelf testen of u het onderwerp echt begrijpt.

Een kernpunt wordt gemarkeerd met het teken zoals hier links te zien is. Het geeft een essentieel punt uit het besproken onderwerp bondig weer.

Na het kernpunt vindt u doorgaans een stuk tekst dat het punt **verder uitlegt of toelicht**. Tenzij u vlug door de onderwerpen wilt heen 'scannen' om te zien waar dit boek over gaat, hoort deze uitleg bij de basiskennis van dit boek.

_{Voor degenen die meer achtergrond informatie willen hebben over het zojuist beschreven thema, wordt er soms een verdieping van of achtergrondinformatie over de materie gegeven. Deze is **te herkennen aan het kleinere lettertype**.}

Tips worden met het teken zoals hiernaast staat aangeduid.

Probeer de boodschap van de tips te doorgronden, ze bevatten waardevolle informatie!

Vragen om over na te denken...

OM TE BEGINNEN

> **?** Naast het vraagteken vindt u vragen die prikkelen tot nadenken. Probeer ze eerlijk te beantwoorden om het behandelde thema écht te doorgronden!

Wie leest wat?

Voert u de meting uit, of ondersteunt u?

Als u straks intensief bij OEE betrokken bent omdat u de **meting zelf uitvoert**, of **direct moet anticiperen op OEE-gegevens**, lees dan het hele boek. Zorg dat u zeker weet dat u deel voor deel goed begrepen heeft. U kunt dat zelf toetsen door de gestelde vragen te beantwoorden. Ga niet verder vóórdat u de betreffende vragen kunt beantwoorden.

Wilt u alleen de kern van OEE weten?

Wilt u **alleen een globaal overzicht** van de essentiële punten van OEE, lees dan in elk geval alle (vetgedrukte) **kernpunten.**

2

Over OEE en TPM

In dit hoofdstuk:

Over OEE en TPM

... en andere verbeterstrategieën

Wat is OEE?

Waar komt OEE vandaan?

Waarom is OEE belangrijk?

De relatie tussen OEE en verbeteren

Rollen

Wat is de rol van het productieteam bij OEE?

Wat is de rol van het management bij OEE?

OVER OEE EN TPM

Hoofdstuk 2

Over OEE en TPM...
... en andere verbeterstrategieën

Overall Equipment Effectiveness (Algehele Machine Effectiviteit) is een meetinstrument om de productieverliezen van een machine inzichtelijk te maken, zodat ze met behulp van verbeterstrategieën zoals TPM, Lean Manufacturing of Six Sigma opgelost kunnen worden.

OEE werd in eerste instantie beschreven als een onderdeel van TPM als verbeterstrategie. Maar OEE is ook geschikt (en zelfs noodzakelijk) om te gebruiken als uw bedrijf voor een ándere route naar verbetering gekozen heeft.

Of u nou TPM, Lean, Six Sigma, EFQM/INK of een andere aanpak kiest, uw installaties zullen altijd beheerst en betrouwbaar hun werk moeten kunnen doen.

OEE is dan uw instrument om erachter te komen waar de installatie, of de manier waarop er mee om gegaan wordt, aandacht nodig heeft. Kortom: welke gebeurtenissen die niets toevoegen moeten opgelost worden?

OVER OEE EN TPM

Wat is TPM?

TPM staat voor Total Productive Maintenance (Instandhouding van de Totale Productiviteit), een bedrijfsbrede strategie om de effectiviteit van productieomgevingen te verbeteren.

Dit gebeurt door gebruik te maken van methodes waarmee **méér goed product** met de **bestaande productiemachines en installaties** verkregen kan worden.

TPM streeft naar een ideale productiesituatie: zonder storingen, zonder afwijkingen, zonder afkeur/kwaliteitsverlies, zonder ongevallen, letsel en gezondheidsproblemen.

Die ideale situatie is te bereiken via een proces van continue verbetering. Dat vergt een volledige betrokkenheid van iedereen die in het bedrijf werkt, van de operators op de werkvloer, mensen in kantoren, tot en met het topmanagement.

Wat is OEE en waarom is het belangrijk?

Het berekenen van de machine-effectiviteit met 'Overall Equipment Effectiveness' (OEE) is een cruciaal element bij alle serieuze verbeterstrategieën, zoals Total Productive Manufacturing (TPM) en Lean Manufacturing.

Met OEE wordt zichtbaar gemaakt welke machine- en procesgerelateerde verliezen verminderd moeten worden.

Verliezen die niet 'zichtbaar' zijn, zijn moeilijk aan te pakken. OEE maakt het mogelijk om álle effectiviteitsverliezen in een heldere structuur zichtbaar te maken, zodat ze gericht aangepakt kunnen worden.

OVER OEE EN TPM

OEE legt focus op machines, niet op personen

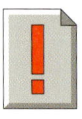

Met OEE monitoren de operator en zijn productieteam de machine, ofwel het proces dat 'waarde toevoegt', en niet de operator's productiviteit.

Door OEE te meten, leert het productieteam hoe goed de machine werkt. Of beter gezegd: hoe goed we dit deel van ons productieproces beheersen. Wat we er vooral uit leren, is op welke punten we het proces kunnen verbeteren. OEE geeft geen *oorzaken* van de optredende verliezen. OEE toont slechts aan wat er gebeurt, en geeft daarmee richting (een indicatie) aan waar de aandacht op gevestigd zou kunnen of moeten worden.

Het doel van de meting is: *verbeteren*

De OEE meting is *niet* bedoeld om mensen te bekritiseren, maar uitsluitend om de machine, dan wel het proces te verbeteren.

Het delen van informatie op de productievloer met behulp van grafieken en discussies, is het hart van elke succesvolle verbeterstrategie. OEE-informatie is waardeloos als ze in een kantoor blijft liggen.

OEE is het meest effectief als de operator de dagelijkse data verzamelt, en de data binnen één shift omgezet wordt in bruikbare informatie. Vervolgens wordt die informatie permanent op de werkplek gebruikt om verbeteringen te sturen en te ondersteunen.

Waar komen OEE en TPM vandaan?

Total Productive Maintenance is een begrip dat in 1971 ingevoerd werd door het Japanse JIPM (*Japan Institute of Plant Maintenance*). TPM is inmiddels geëvolueerd tot Total Productive Manufacturing.

Eind jaren tachtig raakte het begrip TPM op grotere schaal bekend in de westerse wereld. Productivity Inc. Publiceerde toen Engelse vertalingen van twee boeken van JIPM-deskundige Seiichi Nakajima: *Introduction to TPM* en *TPM Development Program*. Eind jaren negentig publiceerde Productivity Inc. in samenwerking met Blom Consultancy in Nederland, 'OEE for Operators' en 'OEE Toolkit'. Daarmee werd OEE toegankelijk en hanteerbaar gemaakt voor de productievloer van veel westerse bedrijven.

TPM legt focus op machines

Een TPM-implementatie betekent het toepassen van methodes voor continu verbeteren om gestructureerd de verliezen te verminderen. Omdat de **waardetoevoeging** aan producten doorgaans op machines en installaties plaatsvindt, richt TPM zijn verbeteringsactiviteiten primair op machinegerelateerde verliezen. Met de eerste vertalingen van TPM als Total Productive Maintenance ontstond het hardnekkige misverstand dat het hier om een onderhoudsprogramma ging. De term 'Maintenance' heeft echter betrekking op het **onderhouden van het hele productiesysteem**. Daaronder vallen: product- en procesengineering, planning, logistiek, productie en onderhoud. Het uiteindelijk doel is de machine zo optimaal mogelijk waarde te laten toevoegen voor de klant.

De relatie tussen OEE, Lean en Six Sigma

Hoewel OEE voor het eerst gebruikt werd in de TPM-hoek, is het een onmisbaar instrument bij alle verbeterprogramma's die zich richten op 'productie'. OEE meet immers het volledige scala aan effectiviteitsverliezen van installaties. Lean Manufacturing en Six Sigma kiezen slechts een andere focus c.q. strategie om deze verliezen aan te pakken.

'Lean Manufacturing' en 'Flow'

Terecht zou je kunnen zeggen dat, als je in een productieketen van meerdere machines en lijnen, de aandacht op één machine legt, er gemakkelijk onbalans kan ontstaan tussen de verschillende machines. Als de toepassing van OEE niet goed begrepen wordt, zou je kunnen zeggen dat, door de verliezen van een installatie te verminderen, je méér product zou kunnen gaan maken dan de klant wil afnemen of de volgende stap in het proces kan verwerken. Dit is uiteraard zeer ongewenst.

Lean Manufacturing is een verbeterstrategie die haar oorsprong in de automotive industrie vindt. Ze richt zich op het in balans krijgen van alle stappen in de productieketen. Als je elke minuut (!) een complete auto, met duizenden onderdelen, moet afleveren, is het noodzakelijk dat alle radertjes van de hele productieketen als een Zwitsers uurwerk samenwerken. Als er in een dergelijke complexe keten machines zitten die niet precies doen wat ervan verwacht wordt, valt de hele keten stil. Traditioneel wordt dat opgelost door her en der buffervoorraden op te nemen.

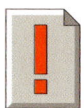

Door met behulp van OEE en TPM de installaties betrouwbaar en beheerst te laten produceren, kan voorkomen worden dat de lijn stilvalt, zónder daarvoor buffers in te zetten. En dat is precies het doel van Lean Manufacturing.

In dit boek zullen we daarom naast de *machinegerelateerde verliezen* ook een duidelijke link naar *lijn-*, *of logistiekgerelateerde verliezen* maken. De effectiviteit van een installatie wordt immers ook beïnvloed door de wijze waarop materialen worden aan- en afgevoerd!

Six Sigma

De kern van de Six Sigma-verbeterstrategie is te zorgen dat de kwaliteit van het geproduceerde binnen beheerste grenzen blijft.

De originele kern van Six Sigma heeft als focus het beheersen van het technische proces, zodat het geproduceerde van stabiele kwaliteit is. Binnen TPM zien we dit terug in de Quality Maintenance Pillar. Hiertoe worden een aantal fantastische technieken aangereikt. Kijken we naar de beheersing van het totale productieproces, dan is kwaliteit slechts één component. OEE bekijkt, naast de kwaliteit van de output, ook de

OVER OEE EN TPM

snelheid waarmee dit gebeurt en de hoeveelheid tijd dat het productieproces produceert. In de verschillende latere 'versies' van Six Sigma wordt hier eveneens aandacht aan besteedt.

Waar 'lean' meer op de logistiek en de keten van verschillende stappen in het proces kijkt, legt Six Sigma het zwaartepunt op het beheersen van de individuele handelingen in het proces. Dat gebeurt door te zorgen dat de uitkomst van een proces steeds binnen de marges blijft.

De rol van het productieteam bij OEE

Dit boek is in de eerste plaats geschreven voor u, de medewerker van het productieteam. U bent dagelijks betrokken bij de productie-installaties en het gebruik ervan ligt – letterlijk – in uw handen. Samen met uw collega's zorgt u ervoor dat de installatie op de best mogelijke manier bediend, beladen en onderhouden wordt.

Als de installatie kapot gaat, langzaam loopt of kwaliteitsproblemen oplevert, bent u degene die de problemen moet oplossen. En niet zelden bent ú het die harder en langer moet werken om het opgelopen productieverlies weer in te halen. En dat niet één keer, maar keer op keer.

De druk die, deze haast oneindige stroom van problemen veroorzaakt, is vaak een goede motivatie om de OEE te meten. Zo kunt u aantonen wat er écht gebeurt, en kunt u beginnen met verbeteren.

Een belangrijk punt is, dat u, die dagelijks met de machine werkt, het beste ziet en weet wat er gebeurt. U kunt de problemen die zich voordoen dus het beste monitoren.

U weet precies hoe lang de machine stilstond voor een ombouw. Of wanneer de machine niet op snelheid kwam door kleine haperingen. Of wanneer u de snelheid omlaag moest draaien om kwaliteitsproblemen te voorkomen. In veel gevallen houdt u daar zelfs al gegevens van bij waarmee u een OEE-berekening zou kunnen uitvoeren.

Verliezen inzichtelijk maken, én deze met behulp van gemakkelijk te lezen grafieken actief tonen aan andere teamgenoten en afdelingen in uw organisatie, is het hart van verbeter-programma's zoals TPM. OEE-informatie helpt níet als ze weggestopt wordt in een kantoor! OEE is het meest effectief als de operators een leidende rol krijgen in het verzamelen van dagelijkse data, het omvormen naar nuttige informatie en het toepassen van die informatie op de werkvloer bij verbeteractiviteiten.

- ROL OPERATOR -

De rol van het management

Als het productieteam 'eigenaar' van de machine is, en verantwoordelijk voor de juiste belading, bediening en onderhoud, wat is dan de rol van het management? Wat moet het management dan met OEE aanvangen?

Een visie...

In een goed geoliede organisatie weet iedereen wat hem te doen staat om de dagelijkse operatie routineus en soepel te laten verlopen. De klant krijgt zonder omhaal op het juiste moment het door hem gewenste product in de juiste specificatie. De operator bedient de installatie, inspecteert, reinigt en smeert, net zoals we thuis ook met onze auto doen. Op regelmatige intervallen wordt de machine onderhouden. Misschien moet voor specialistisch onderhoud zelfs een goed opgeleide specialist beschikbaar zijn.

Degene die het meeste contact met de installatie heeft, de operator, houdt de installatie zorgvuldig in de gaten. Staan alle procesparameters nog wel goed? Draait ze op de juiste snelheid? Is de kwaliteit 'in spec' (conform specificaties)?

Maar wat doet het productieteam als dit zo niet werkt? Als er allerlei hindernissen zijn, of als randvoorwaarden om optimaal te werken niet ingevuld zijn? Kortom als het systeem waarin men moet werken niet werkbaar is?

> Dr Deming:
>
> *"Slechts 6 procent van alle problemen zijn direct aan mensen toe te wijzen; de overige 94% zijn het gevolg van het systeem waarin deze mensen werken."*

OVER OEE EN TPM

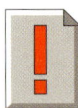 Waar het productieteam verantwoordelijk is voor de uitvoering van het werk *binnen* een systeem, is het management verantwoordelijk voor het realiseren én continu verbeteren *van* het systeem.

Het management is dus verantwoordelijk voor het inzicht in de redenen waarom een team niet optimaal kan presteren. Ze dient het team vervolgens te voorzien van de benodigde systeemverandering waardoor zij beter kunnen presenteren.

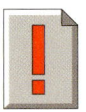 Het doel van het management is dus niet om elke dag opnieuw tientallen ballen in de lucht te houden, maar de verandering naar een beter systeem, waarbinnen alle deelnemers optimaal kunnen werken, te managen;

> **Managen, volgens Dr. Deming is:**
>
> 'to govern change'
>
> **Leidinggeven aan verbetering!**

— ROL VAN HET MANAGEMENT —

De rol van het management bij OEE

Als het de taak is van het management om de verbetering te managen, is een aantal zaken opeens onoverkomelijk:

1. **Wat is 'verbetering'?** Ofwel: waar gaan we naartoe?

Als we weten waar we naar toe gaan, *wat ons doel is*, dan is de volgende vraag:

2. **Waar staan we nu?** Hoe groot is het gat tussen waar we nu staan en waar we naartoe willen?

Maar vooral: Hoe ziet dat gat eruit? Oftewel:

3. **Wat zijn de hindernissen,** *de verliezen,* die overwonnen moeten worden?

Cruciaal is dat niet één partij, maar álle betrokkenen weten welke verliezen er bestaan en dat dit voor iedereen zichtbaar is, zodat er steeds weer over de juiste feiten gesproken kan worden, zelfs als die pijnlijk zijn.

4. **Verliezen voor iedereen zichtbaar maken**; wat je niet kunt zien is moeilijk aan te pakken.

Pas als we weten wat precies tussen ons en het doel staat, kan het management gaan managen.

5. **Wat gaan we wanneer aanpakken**, hoe gaan we dat doen, wie heeft welke hulp nodig, wat gaat dat opleveren?

> **De rol van het management:**
>
> 1. verbeterdoelen formuleren;
> 2. OEE invoeren;
> 3. verliezen zichtbaar en bespreekbaar maken voor alle partijen;
> 4. organiseren en faciliteren van het 'elimineren van verliezen' (=verbeteren).

Samenvatting

- Overall Equipment Effectiveness (OEE) is een essentieel meetinstrument in álle verbeterstrategieën waarbij (productie-) installaties betrokken zijn.

- TPM is een bedrijfsbrede verbeterstrategie om de effectiviteit en betrouwbaarheid van productie-installaties fundamenteel te verhogen.

- TPM is een verbeterstrategie met een brede set technieken om te zorgen dat productie-installaties doen waartoe ze bedoeld zijn: met zo gering mogelijke inspanning het juiste product van voorspelbare kwaliteit te produceren.

- OEE is een instrument van het productieteam, om verbetermogelijkheden op te sporen en zichtbaar te maken. Met OEE kan het team aantonen hoe succesvol de verbeteractiviteiten zijn.

- Met OEE kan het productieteam aantonen op welke punten ondersteuning nodig is en wat dit eventueel zou kunnen opleveren.

- Of het bedrijf nu TPM, Lean, Six Sigma of een andere strategie heeft omarmd; de verliezen op de installatie zullen altijd bestreden moeten worden. OEE is daarbij het enige instrument dat een volledig beeld schept van de effectiviteitsverliezen op de installatie.

- Het delen van informatie op de werkvloer en tussen diverse disciplines is een onmisbaar element om snelle verbetering te krijgen.

- Het voor iedereen zichtbaar maken van verliezen is met respectvolle managementaandacht niet bedreigend, maar biedt kansen!

- OEE is bijzonder geschikt om per situatie een effectieve verbeteraanpak te formuleren, zodat met de minste moeite het grootste effect verkregen wordt.

- Het is de rol van het productieteam, om verliezen inzichtelijk te maken. Zij gaan (met behulp van makkelijk te lezen grafieken) de verliezen actief tonen aan andere teamgenoten en afdelingen in de organisatie. Dit is veelal een forse cultuurverandering.

- De rol van het management is het creëren van een systeem waarbinnen het productieteam verliesvrij en plezierig kan werken. Het management leidt de verandering in de richting van het 'ideaal'.

Vragen om over na te denken...

? Is er in uw bedrijf een verschil tussen de huidige manier van management voeren en de hier beschreven wijze?

? Waarom zou u als productieteam, uw management met harde cijfers inzage geven in de problemen die u ervaart tijdens uw werk?

? Aan welke voorwaarden moet uw management voldoen, zodat u dit kunt, en wilt gaan doen?

? Hoe komt het, volgens u, dat afdelingen van hetzelfde bedrijf elkaar soms eerder tegenwerken dan helpen?

3

Machineverliezen

In dit hoofdstuk:

Wat is een 'verborgen machine'?

Wat doen 'verliezen'?

Stilstandsverliezen

Prestatieverliezen

Kwaliteitsverliezen

Werken met een vast referentiepunt

Verliezen zichtbaar maken

MACHINEVERLIEZEN

Hoofdstuk 3

Hebben *wij* een 'verborgen machine'?

*Wat kan een machine **theoretisch** produceren, en **wat hindert ons** om de machine dat te laten doen? Dat is de vraag waar OEE ons een antwoord op kan laten geven. Pas als we weten wat ons weerhoudt om het onmogelijke te bereiken, weten we wat we kunnen doen om het onmogelijke mogelijk te maken.*

Vraag een operator, een engineer en een TD'er wat een bepaalde machine maximaal kan produceren en de kans is groot dat u drie verschillende antwoorden krijgt. Bel de leverancier van de machine en u krijgt wéér een ander antwoord.

Bij het beantwoorden van deze vraag zullen de verschillende mensen uitgaan van allerlei veronderstellingen, randvoorwaarden en 'mitsen en maren'; ze bouwen dus als het ware in hun antwoord allerlei beperkingen in, die veelal geaccepteerd worden.

Wat zijn nu eigenlijk die beperkingen? Kennen we ze allemaal? Weten we wanneer ze optreden? Kunnen we er iets aan doen?

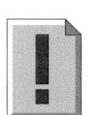

Verliezen reduceren de capaciteit!

Een ideale, volledig effectieve machine, zou áltijd op zijn maximale snelheid (kúnnen) draaien, zonder ook maar één afkeurproduct te maken.

Dus zolang we orders voor het betreffende product hebben, draait de ideale machine voluit en maakt alleen goed product.

Helaas zijn de meeste machines niet ideaal. Ze lopen niet continu. Ze kunnen de maximale snelheid niet probleemloos volhouden. En ze maken producten die niet aan de specificaties voldoen.

Deze problemen zijn bekende vormen van productieverliezen; ze voegen geen waarde toe aan het product. Ze reduceren de effectiviteit van de machine, hetgeen we gaan meten met OEE.

Verliezen maken moe!

Wat is een ideale dag voor de productievloer? Als de machines lekker lopen, er niets mis gaat, alles op tijd aanwezig is! Wat zijn de rotdagen? Als je van het ene incident naar het andere holt, als je achter de feiten aanloopt, je de juiste materialen of mensen niet hebt, de ombouw niet lukt, etc.

Wat is de beste dag voor de onderneming? De rotdag of de ideale dag? Juist ja! Als alles lekker loopt is het veel makkelijker klantafspraken na te komen, hoeven er geen dure spoedorders uitgevoerd te worden, kun je planmatig werken, raakt er niemand over de toeren en gebeuren er minder ongelukken!

Kortom: Om alleen nog maar 'goede dagen' te hebben voor het bedrijf én de medewerkers, moeten we al die dingen die onze dagen verpesten zien te elimineren! OEE maakt deze 'verpesters', de verliezen, zichtbaar zodat we ze kunnen uitroeien!

MACHINEVERLIEZEN

De Zes Grote Verliezen

Om een helder inzicht te krijgen in de verschillende soorten verliezen, met elk hun specifieke kenmerken en mogelijkheden om ze op te lossen, worden binnen OEE drie basisverliezen onderscheiden: beschikbaarheid, prestatie en kwaliteit.

In de traditionele **TPM** verbeterstrategie worden de 'Zes Grote Verliezen' bestreden:

Verliessoorten	De Zes Grote Verliezen
Beschikbaarheidsverlies (=verlies van productietijd)	1. Storing aan de machine 2. Wachten
Prestatieverlies (=verlies van snelheid)	3. Korte stops 4. Gereduceerde snelheid
Kwaliteitsverlies (=verlies van juiste kwaliteit product)	5. Afval 6. Herbewerking

Een bijzondere vorm van wachten ontstaat als gevolg van aan- en afvoerproblemen. Dit verlies is gedefinieerd als *lijnremmers*. Omdat lijnremmers vaak veroorzaakt worden door onbalans in de logistieke keten, kan het zinvol zijn deze apart te benoemen. Hierover later meer.

Schrijf op!

? Wat zijn volgens u de drie grootste verliezen op uw (belangrijkste) machine?

1.

2.

3.

MACHINEVERLIEZEN

Een andere manier van kijken...

OEE geeft inzicht in de verliezen die de effectiviteit van de *machine* verminderen.

De oorzaken van die verliezen zijn vaak complex en niet altijd even duidelijk. Het is daarom verleidelijk om in de discussie hierover met veel 'mitsen en maren' aan te komen. Soms ook zien we dat mensen in de verdediging schieten. *'Ombouwen is geen wachttijd, ik werk me het apelazarus'*.

Probeer tijdens de discussies over OEE in de huid van de machine te kruipen. U bént de machine; wat doet u, wat gebeurt er met u. Wat gebeurt er als er omgebouwd wordt? U staat te wachten totdat u omgebouwd bent. Vervolgens gaat u weer draaien maar u komt niet op snelheid omdat er ergens iets niet goed afgesteld staat, enzovoorts. Bedenk goed: het gaat er niet om iemand de zwartepiet toe te spelen, het gaat erom te ontdekken wáár de machine effectiviteit verliest!

> **Verliezen kunnen slechts**
> **één norm hebben:**
> **NUL!**

Beschikbaarheidsverlies

Beschikbaarheidsverlies is gedefinieerd als de tijd die de machine 'beschikbaar' had kunnen zijn om te produceren, maar dat ze geen producten maakte. Het beschikbaarheidsverlies omvat in de basis twee soorten verlies van productietijd: storingen enerzijds, wachten anderzijds.

Een bijzondere vorm van wachten ontstaat als gevolg van aan- en afvoerproblemen; de zogenaamde *lijnremmers*.

Verlies	Omschrijving
Storing aan de machine	Een plotselinge en onverwachte storing van de machine is oorzaak van verlies aan productietijd. De uiteindelijke oorzaak van de storing kan zowel technisch zijn, als organisatorisch (bedieningsfout, gebrekkig onderhoud); OEE kijkt naar de verschijningsvorm.
Wachten	Productietijd gaat ook verloren als de machine had kúnnen draaien, maar staat te wachten: de machine wacht tijdens ombouwen, tijdens onderhoud, tot de lunch voorbij is, etc.
Lijnremmers	Stilstand door aan- of afvoerproblemen in een productielijn of in serie geschakelde bewerkingen wordt onderscheiden als een bijzondere vorm van wachten: de Lijnremmers. Omdat deze stilstand ergens anders in de keten of productielijn ontstaat en niet op de machine waar de OEE-meting specifiek betrekking heeft, kan dit effectiviteitsverlies (indien nodig) uít de OEE gehaald worden.

MACHINEVERLIEZEN

Wanneer begint 'produceren'?

Het gaat te ver om in dit boek alle definitiekwesties binnen OEE te beschrijven (lees hiervoor de 'OEE Industrie Standaard'). Maar omdat nagenoeg alle teams vroeg of laat met SMED[1] (pitstop ombouw) aan de slag zullen gaan, wil ik dit thema hier kort toelichten:

In de definitie van OEE draait een machine als er product uit komt, ongeacht de hoeveelheid of snelheid. Een machine staat dus 'stil' als er geen enkel product uitkomt.

Als u SMED (een methode om machine's pitstop-achtig om te bouwen) toepast heeft, leerde u dat als ombouwtijd geldt:

De tijd vanaf het LAATSTE GOEDE product tot en met het EERSTE GOEDE product.

Af-, en aanloopverliezen, die bij OEE als snelheids- of kwaliteitsverliezen geregistreerd worden, vallen binnen SMED in de ombouwtijd!

Een 'ombouw' bestaat dus binnen OEE mogelijk uit:

1. een periode met prestatieverlies tot aan het laatste goede product (de machine vertraagt maar maakt wel nog goed product);

2. een periode met kwaliteitsverlies (na het laatste goed product komt er nog uitstoot uit; leegdraaien);

3. een periode van stilstand (beschikbaarheidsverlies);

4. een periode van kwaliteits- en prestatieverlies (het opstarten, waarbij eerst uitstoot komt en dan pas goed product);

5. een periode van prestatieverlies (het op snelheid komen van de installatie).

---

[1] SMED: Single Minute Exchange of Die. Zie ook: 'Effectief verbeteren: de weg naar het ideaal met SMED' (www.FullFact.com)

Snelheidsverlies

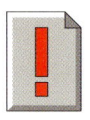

Snelheidsverlies wil zeggen dat de machine wel draait, maar niet op maximale snelheid. Er bestaan twee soorten snelheidsverliezen:

Verlies	Omschrijving
Korte stops	Wanneer een machine wel eens hapert en geen stabiele snelheid heeft, zal een soepele productiestroom belemmerd worden. Deze korte stops en het resulterende snelheidsverlies worden meestal veroorzaakt door kleine problemen zoals producten die sensoren blokkeren of vastraken in glijbanen. Deze frequente haperingen kunnen de effectiviteit van de machine drastisch verminderen. Opmerking: In theorie zijn korte stops een beschikbaarheidsverlies. Echter, omdat korte stops erg kort zijn (bijvoorbeeld bij handmatige registratie kleiner dan 5 minuten) worden ze niet als beschikbaarheidsverlies geregistreerd, maar als snelheidsverlies gezien.
Gereduceerde snelheid	Het verschil tussen de ingestelde snelheid en de theoretische of ontwerpsnelheid (ook wel Name Plate Capacity genoemd). Vaak is er een aanzienlijk verschil tussen wat de mensen denken dat de maximale snelheid is en de theoretische maximumsnelheid. In veel gevallen is de productiesnelheid geoptimaliseerd om andere verliezen zoals kwaliteitsuitval en storingen te voorkomen. Verliezen door gereduceerde snelheid worden daardoor vaak verwaarloosd of onderschat.

Veel machines kennen producten die 'lekkerder lopen' als je de machine wat langzamer afstelt. Zo voorkom je haperingen ('kleine stops') of zelfs storingen, en blijft de kwaliteit op niveau. Intuïtief wordt dus gekozen voor het verlies 'gereduceerde snelheid' om andere verliezen ('storingen', 'kleine stops' of 'kwaliteitsverliezen') te voorkomen.

MACHINEVERLIEZEN

Kwaliteitsverlies

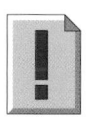

Kwaliteitsverliezen treden op wanneer de machine producten vervaardigt die niet in één keer goed zijn. We onderscheiden twee soorten kwaliteitsverlies:

Verlies	Omschrijving
Afval	Afval bestaat uit die producten die niet voldoen aan de kwaliteitsspecificaties, (zelfs als ze wel als 'B-keuze' verkocht kunnen worden) én niet herbewerkt worden. Het doel is 'zero defects': altijd in één keer een goed product maken. Opstart-, en leegdraaiverliezen zijn een specifieke vorm van kwaliteitsverliezen en ontstaan wanneer: • de productie na de opstart niet meteen stabiel is, waardoor de eerste producten niet aan de specificaties voldoen; • de productie aan het einde van een productierun niet meer stabiel is waardoor de producten niet meer aan de specificaties voldoen; • een aantal producten niet meer tot de productie(order) wordt gerekend en daardoor als verloren moet worden beschouwd. Dit zijn veelal verborgen verliezen die vaak als onvermijdelijk beschouwd worden. De omvang van deze verliezen kan verrassend groot zijn.
Herbewerking	Herbewerkingsproducten zijn producten die niet voldoen aan de kwaliteitsspecificaties, maar wel herbewerkt kunnen worden tot goede producten. Op het eerste gezicht lijkt herbewerking niet zo slecht, want het product kan voor de normale prijs verkocht worden. Echter, het product was niet de eerste keer goed en is daarom een kwaliteitsverlies dat de capaciteit beperkt.

Verliezen in verschillende soorten productie

Er zijn vele manieren om de industrie in 'groepen' te verdelen, maar omwille van de verschillende dynamiek en veel voorkomende verliesplaatjes onderscheiden we hier de volgende soorten productie:

'discrete' productie (stuks en delen zoals flessen, bouten en moeren);

'batchproductie' (bierbrouwen, steenovens, kunstharssynthese);

'procesproductie' (raffinage, cementovens, papiermachines).

Typische verliezen in discrete productie

Bij de productie van stuks en delen (bijvoorbeeld verpakkingsindustrie) zien we de effectiviteitsverliezen voornamelijk optreden in:

- beschikbaarheid (wachten, storingen);

- prestatie: (gereduceerde snelheid, korte stops).

De operators zoeken bijna intuïtief een balans tussen draaien en stilstaan en de 'juiste' snelheid, om zo weinig mogelijk afkeur te produceren. De installaties kennen vaak veel bewegende delen en sturing daarvan, wat makkelijk tot verlopen instellingen en storingen leidt. Vaak wordt een niet onaanzienlijk deel van de verliezen (zo niet het grootste) gevormd door het wachten op aan-, of afvoer van, en naar andere procesdelen. Dit is waar 'Lean Manufacturing' haar voornaamste focus op legt.

Typische grote verliezen in batchproductie

Als de productie in batches plaatsvindt (de producten komen niet één voor één uit de installatie, maar allemaal tegelijk in een grote partij) zien we een wat ander verliesbeeld:

- beschikbaarheid (ombouwen + wachten);

- prestatie (verminderde snelheid + minder dan technisch maximale batchgrootte);

- kwaliteit: batchverlies (schroot of B-keuze).

Bij batchproductie worden grote hoeveelheden product tegelijkertijd geproduceerd. De wachttijden, bijvoorbeeld voor het vullen en leegmaken of reinigen van de installatie tussen de diverse charges kunnen fors oplopen. De prestatie kan flink beïnvloed worden doordat de charge eerst opgewarmd of gehomogeniseerd moet worden, maar ook doordat de installatie niet de volledige technische capaciteit benut; een vat wordt bijvoorbeeld niet volledig gevuld. Vervolgens kan de kwaliteitsgraad flink aangetast worden als een charge niet aan de specificatie voldoet; er gaat dan in één keer een grote hoeveelheid product verloren.

MACHINEVERLIEZEN

Typische grote verliezen in procesproductie

In procesproductie (het product komt in één grote stroom uit de installatie) ligt het verliesaccent weer anders:

- prestatie (gereduceerde snelheid);

- kwaliteit (herbewerking (feedback-loops!), sub-specs, vermenging tijdens product wissel).

Dit type productie loopt vaak op extreem dure installaties. Er zijn dan veel technische voorzieningen getroffen om te voorkomen dat de installatie 'down' gaat. Kritieke onderdelen zijn dan in duplo uitgevoerd, zodat als de ene stuk gaat, of onderhouden moet worden, de ander het kan overnemen.

Zo zijn er ook vaak voorzieningen ingebouwd om stilstand te voorkomen ten gevolge van 'out of spec' product; dergelijk product wordt dan bijvoorbeeld via een retourleiding opnieuw in het proces ingebracht.

Hoewel niet altijd makkelijk te ontdekken, zien we in dit type productie vaak aanzienlijke verborgen verliezen in de prestatie omdat er een soort 'praktisch gemiddelde snelheid' van de diverse componenten is ontstaan. Daarnaast is alle output die niet de eerste keer binnen 'spec' geproduceerd wordt, volgens de OEE-definitie een verlies.

> **OEE kan op nagenoeg elk**
> **– installatie gerelateerd –**
> **waardetoevoegend proces**
> **worden toegepast**

Hebben wij een verborgen machine?

Zolang het dagelijkse proces niet overeenkomt met de ideale situatie, is het noodzakelijk de afwijkingen in beeld te brengen en te zoeken naar manieren om ze te verhelpen.

Het in beeld brengen van de Zes Grote Verliezen – het verschil tussen ideaal en werkelijkheid – is de eerste stap naar verbetering. Door een standaardmethodiek te gebruiken voor het meten van de Zes Grote Verliezen, kan er gericht aandacht gegeven worden aan de verbetering van de niet meer te accepteren verliezen.

Verliezen zichtbaar maken!

In het begin zal het akelig of zelfs bedreigend zijn om verliezen voor iedereen zichtbaar te maken; je zou het kunnen zien als 'we hebben het niet goed gedaan.' Als we hier als onderneming overheen kunnen stappen ontstaan nieuwe kansen, we gaan dan verborgen potentieel blootleggen!

> **OEE is primair een hulpmiddel om verliezen op de installatie te identificeren.**

MACHINEVERLIEZEN

De meeste industriële sectoren gebruiken meetmethodieken voor hun productiemachines. Hiermee worden hoeveelheden zoals bruikbare tijd, geproduceerde eenheden en soms zelfs de productiesnelheid gemeten. Voor wie wil nagaan wat er precies uit de machine komt, zijn deze waardes bruikbare hulpmiddelen.

TPM en Lean kunnen met OEE anders te werk gaan. OEE toont niet alleen wát er uit de machine komt, maar vooral ook wat er uit had kúnnen komen. Er wordt gezocht naar verliezen. Als bekend is welke verliezen er geleden worden, kan er gericht jacht op gemaakt worden.

Om effectiviteit te verhogen:

Accepteer de situatie niet zolang deze niet ideaal is.

Er zijn geen excuses om niet ideaal te zijn, er bestaan slechts hindernissen die verholpen moeten worden!

Samenvatting

- De 'ideale machine' draait altijd (als er vraag is) op maximale snelheid, zonder kwaliteitsverlies. Helaas voldoen de meeste machines daar niet aan. Ze kunnen niet doorlopend en op maximale snelheid draaien, en ze maken producten die niet aan de specificaties voldoen.

- Stilstanden, snelheidsverliezen en product dat niet aan de specificaties voldoet, verminderen de effectiviteit van de machine. Deze drie verliesgroepen vormen de basis van de in TPM gedefinieerde 'Zes Grote Verliezen'.

Beschikbaarheid:	Prestatie:	Kwaliteit:
Stilstandsverliezen	Snelheidsverliezen	Afkeurverliezen

1. Storingen
2. Wachten
  (incl. lijnremmers)
	3. Gereduceerde
	    snelheid
	4. Korte stops
		5. Afval
		6. Herbewerking

- Een bijzondere categorie van 'wachten' zijn de lijnremmers; machines die in een keten of lijn geplaatst zijn, kunnen soms niet draaien doordat er geen aanvoer uit de vorige stap is of geen afvoer mogelijk naar de volgende stap.

- OEE wordt opgebouwd uit vertegenwoordigers van de Zes Grote Verliezen: het gaat niet zozeer om de OEE als getal, maar om het krijgen van inzicht in de verliezen.

- Waar in veel prestatie-indicatoren de nadruk ligt op wat er gedaan werd (bijvoorbeeld uptime, quality-level, eenheden per uur) ligt bij OEE de focus op wat er níet gedaan werd; dus op het potentieel dat verbeterd kan worden.

MACHINEVERLIEZEN

- OEE werkt met een *vast* referentiepunt: het *theoretische* maximum, in tegenstelling tot veel andere metingen waar met een 'praktisch maximum' of een 'budgetwaarde' gewerkt wordt, dat telkens aangepast wordt.

MACHINEVERLIEZEN

Vragen om over na te denken...

? Kunt u bewijzen wat de grootste drie verliezen op úw installatie zijn?

? Kunt u uw verzoeken aan het management onderbouwen met harde gegevens?

? Kunt u de discussies met mensen van andere afdelingen (bijvoorbeeld inkoop, TD, verkoop/planning) voeren op basis van feiten en cijfers?

? Kunt u uitspraken zoals *'het is bij jullie altijd...'* of *'jullie moeten gewoon eens wat meer...'* weerleggen of onderbouwen met cijfers? Hoe zou dat zijn als u dat wél kon? Als ú aantoonbaar beter dan wie dan ook weet wat er op uw installatie speelt?

4

Hoe wordt OEE berekend?

In dit hoofdstuk:

De drie vragen van OEE

Draait de machine, of niet?

Draait de machine op maximale snelheid?

Produceert de machine 'binnen spec'?

Het berekenen van de drie 'graden'

Beschikbaarheidsgraad

Prestatiegraad

Kwaliteitsgraad

Hoofdstuk 4

Hoe wordt OEE berekend?

*De basis van de berekening is even eenvoudig als briljant; ze gaat uit van een **theoretisch** maximale capaciteit aan de ene kant en het werkelijk geproduceerde aan de andere kant. Het eerste punt is het punt aan de horizon, het tweede de huidige positie. Het briljante aan OEE is dat het 'verlieslandschap' tussen die twee punten helder en ondubbelzinnig weergegeven kan worden, maar vooral begrijpelijk voor degenen die er doorheen moeten manoeuvreren; de operators, TD'ers, engineers etc.*

OEE is voor zover bekend de enige productie-indicator met een balanswerking (zoals we die normaal alleen in de financiële wereld tegenkomen). Wordt er ergens iets 'vergeten' of 'overdreven', dan valt er ergens anders een gat.

Daarnaast combineert OEE de factoren tijd, snelheid, en kwaliteit op een zinvolle en verantwoorde manier.

De drie vragen

Heel simpel gezegd, stelt de OEE-berekening u drie vragen:

1. Draait de machine of niet?

Als de machine draait (als er product uitkomt) is de machine 'beschikbaar' om te produceren (we weten immers nog niet of het product wel goed is en we weten ook nog niets over de snelheid waarmee de machine draait; we weten alleen dát hij draait).

Beschikbaarheid			
	A	Potentiële productietijd	
	B	Werkelijke productietijd	Beschikbaarheids-verliezen: - storingen - wachten/omstellen - geen aan- of afvoer

De 'beschikbaarheidsgraad' geeft de verhouding aan tussen de tijd dat de machine theoretisch had kunnen draaien (er was 'vraag') en de tijd dat er werkelijk iets uitkwam.

Voorbeeld:

Als op een shift van 8 uur (=480 minuten) de machine 360 minuten output leverde (ongeacht de snelheid en kwaliteit) dan is de beschikbaarheidsgraad:

360 / 480 = 75%

Er gaat dus 25% van de beschikbare tijd 'verloren'

Over de tijd dat de machine draait (in dit voorbeeld 75% van de shift) wil OEE nu weten:

2. Hoe snel draait de machine?

Stel de machine is ontworpen om 10 stuks per minuut te maken, dan zou je verwachten dat er na 360 minuten dus 3600 stuks gemaakt zouden zijn. In dat geval 'presteert' de machine áls hij draait op 100%. Of dat zo is wordt berekend in de prestatiegraad:

Prestatie			
C	Theoretische output		
D	Werkelijke output	Prestatieverliezen: - korte stops - gereduceerde snelheid	*Beschikbaarheidsverlies*

In de prestatiegraad is 'theoretische output' de output die de machine theoretisch had kunnen maken als de machine *gedurende de tijd dat ze werkelijk draaide* op maximale snelheid gedraaid zou hebben.

Voorbeeld:

De machine draait 360 minuten
Ontwerpsnelheid is 10 stuks/minuut

Theoretische output is 360 x 10 = 3600 stuks
Werkelijke output (goed én buiten spec) = 2880 stuks

→ Prestatie is: 2880 / 3600 = 80%

OEE BEREKENEN

In principe kan het nu zijn dat de machine heel hard gedraaid heeft, maar allemaal producten gemaakt heeft die niet aan de specificatie voldoen.

Nu we weten hoeveel tijd de machine gedraaid heeft en hoe snel ze dat deed, is de volgende vraag:

3. Hoeveel producten voldoen aan de specificaties?

Nadat we de tijd-, en snelheidsverliezen gemeten hebben, kijken we naar de kwaliteit van de producten die uiteindelijk gemaakt werden. De verhouding tussen het aantal geproduceerde eenheden en het aantal geproduceerde eenheden dat aan de specificatie voldoet is de 'kwaliteitsgraad'.

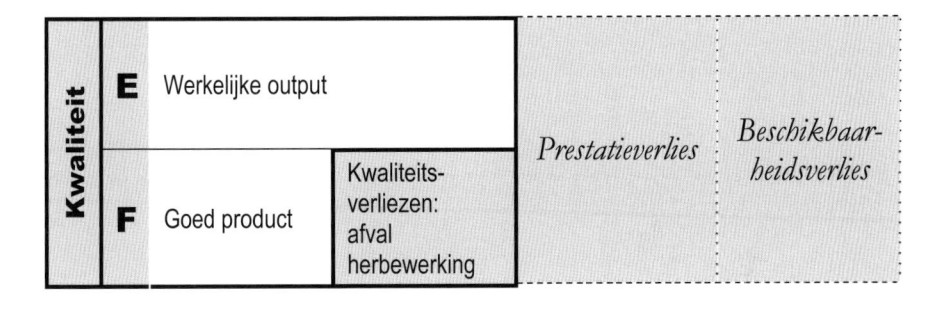

Kwaliteit	E	Werkelijke output		*Prestatieverlies*	*Beschikbaar-heidsverlies*
	F	Goed product	Kwaliteits-verliezen: afval herbewerking		

Voorbeeld:

Geproduceerd:	2880 stuks
Buiten Spec:	144 stuks
Goed product:	2880 – 144 = 2736 stuks

➔ **Kwaliteitsgraad: 2736 / 2880 = 95 %**

OEE BEREKENEN

Zetten we het resultaat van de drie vragen onder elkaar, dan ziet de totale meting er als volgt uit:

Beschikbaarheid	A	Potentiële productietijd (480 minuten)	
	B	Werkelijke productietijd (360 minuten)	Beschikbaarheids-verliezen: - storingen - wachten/omstellen - lijnremmer
Prestatie	C	Theoretische output (360 min x 10 stuks = 3600 stuks)	
	D	Werkelijke output (2880 stuks)	Prestatieverliezen: - korte stops - gereduceerde snelheid
Kwaliteit	E	Werkelijke output (2880 stuks)	*Effectiviteitsverlies*
	F	Goed product (2736 stuks)	Kwaliteits-verliezen: - afval - herbewerking

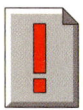

De OEE wordt berekend door de beschikbaarheidsgraad, prestatiegraad en kwaliteitsgraad met elkaar te vermenigvuldigen:

OEE = beschikbaarheid x prestatie x kwaliteit

= (B/A) x (D/C) x (F/E) x 100%

Voorbeeld

Beschikbaarheidsgraad	= B/A = 360 / 480	= 75 %
Prestatiegraad	= D/C = 2880 / 3600	= 80 %
Kwaliteitsgraad	= F/E = 2836 / 2880	= 95 %

→ OEE = 75% x 80% x 95% = 57%

Potentiële productietijd

Als we één dienst hebben van 8 uur, en we hebben klantorders, dan zouden we theoretisch 8 uur kunnen produceren. De andere 16 uur van de dag is het licht uit, en meten we geen OEE.

Alles wat we in die 8 uur, gepland of ongepland, moeten doen om te *kúnnen* produceren, is 'verlies'. Dit verlies willen we zichtbaar maken om ze vervolgens te kunnen minimaliseren of elimineren.

We halen deze tijd dus niet uit de OEE! We willen immers zichtbaar maken waar de *mogelijke* verbeteringen te halen zijn!

Als we uit de totale bedrijfstijd toch productietijd verwijderen is dat meestal omdat er geen klantorders zijn of omdat er wettelijke beperkingen zijn. Maar dan nog willen we dat zichtbaar maken!

Het zou hier te ver gaan alle mogelijke manieren van definiëren te bespreken. Zie daarvoor de andere publicaties verkrijgbaar bij uitgeverij FullFact, zoals de 'OEE Industry Standard' (zie www.OEEstandard.com).

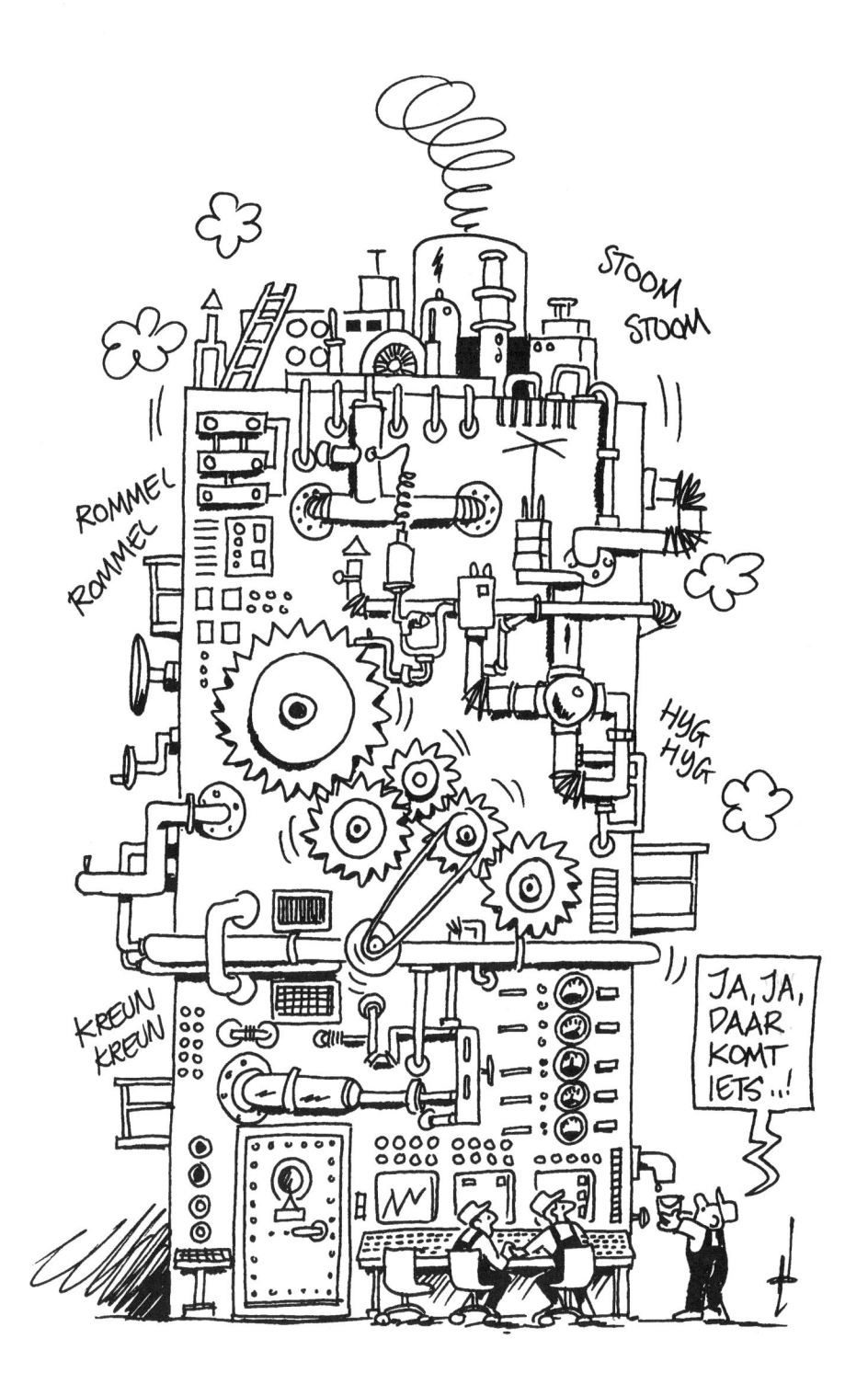

— WERKELIJKE OUTPUT —

OEE BEREKENEN

	Totale bedrijfstijd			
Beschikbaarheid	**A** Potentiële productietijd			Geen productie gepland
Beschikbaarheid	**B** Werkelijke productietijd		Beschikbaarheidsverliezen: - storingen - wachten/omstellen - lijnremmer	
Prestatie	**C** Theoretische output			
Prestatie	**D** Werkelijke output	Prestatieverliezen: - korte stops - gereduceerde snelheid		
Kwaliteit	**E** Werkelijke output		*Effectiviteitsverlies*	
Kwaliteit	**F** Goed product	Kwaliteitsverliezen: afval herbewerking		

OEE = beschikbaarheidsgraad x prestatiegraad x kwaliteitsgraad

= B/A x D/C x F/E

OEE werkt dus als een soort zeef:

Er van uitgaande dat de machine puur theoretisch 100% van de tijd op 100% snelheid met 100% kwaliteit zou kunnen draaien, worden alle verliezen die dat verhinderen eruit gezeefd, waardoor een keurig gerangschikt verliespatroon overblijft.

> **100% OEE**
>
> **=**
>
> **De theoretisch maximale capaciteit van de machine**

Brainstorm met uw team over de volgende vraag:

? Waarom draaien onze machines niet 'ideaal'?

? Wat hindert ons om dit te verbeteren?

Case: Klooster Bier & Bubbels

De volgende oefening licht de voornaamste technische aspecten van de OEE toe.

Eerst krijgt u een ongestructureerde beschrijving van een levensechte situatie waar u de relevante gegevens uit moet halen. Met behulp van een voorgedrukt formulier leert u de methode van OEE-berekening toe te passen voor een productielijn.

OEE METEN

Casebeschrijving

Klooster Bier & Bubbels

KBB bv (Klooster Bier & Bubbels) is een producent van bier en frisdrank. KBB heeft kort geleden een nieuwe, uiterst moderne flessenvul- en verpakkingsmachine geïnstalleerd, de BP-4. De BP-4 vervangt de BP-2 en de BP-3. Deze oude lijnen hadden regelmatig te kampen met storingen en liepen meestal op een te lage snelheid.

De werklast aan de BP-4 is extreem hoog. Om aan de vraag van de klanten te voldoen, moet er regelmatig overgewerkt worden. Er wordt zelfs in weekenden en vakanties doorgewerkt.

Na een bezoek aan een TPM-conferentie, is de bedrijfsleider van KBB ervan overtuigd, dat het mogelijk moet zijn om de gewenste hoeveelheden te produceren in de normale productietijd. De lijnmanager van de BP-4 is het daar absoluut niet mee eens. Iedereen in zijn team werkt onder geweldige druk om de lijn draaiend te houden en de klus elke dag weer te klaren.

De lijnmanager is bijzonder kwaliteitsbewust. De BP-4 heeft een 'uitschot' van zo'n 1300 flessen per dienst. Dit lage afkeurniveau is onder meer te danken aan het feit dat de hoog opgeleide operators in elke dienst van 8 uur 2 korte pauzes van 10 minuten en een lunchpauze van 60 minuten krijgen.

De BP-4 is ontworpen om 27.000 flessen per uur te vullen. Dus gedurende de 400 minuten van een dienst zou de lijn 180.000 flessen kunnen produceren. De productieregistratie toont echter aan, dat gemiddeld slechts 80.000 flessen per dienst gevuld worden.

De bedrijfsleider en de lijnmanager besluiten dat de feiten boven tafel moeten komen. De registratie laat zien dat ongeveer 30 minuten per dienst verloren gaan door storingen. Korte stops komen zo'n 20 keer per dienst voor. Elke maand worden er zo'n 15 verschillende producten gemaakt. De gemiddelde omsteltijd is 50 minuten per dienst. De lijnmanager heeft wat onderzoek en metingen gedaan, en is tot de conclusie gekomen dat de vulsnelheid 0,004 minuut per fles bedraagt.

De lijnmanager vraagt aan een trainee of hij de OEE van de lijn BP-4 wil berekenen. De trainee vindt tussen wat TPM-documentatie een OEE-formulier dat hij gebruikt als richtlijn.

OEE BEREKENEN

Oefening 1: Het berekenen van de OEE

Vul, op basis van de BP-4 gegevens, onderstaand schema in. Controleer uw antwoorden met de antwoordsleutel achter in het boek.

Werkblad 1: OEE-berekeningsoefening – één dienst			
Machine: BP-4	Datum: 02 maart		
Productietijd		Totale bedrijfstijd (vaak 480 minuten per dienst)	minuten
		Geen productie gepland (geen personeel, geen orders, geen machine nodig, enz.)	minuten
	A	Potentiële productietijd	minuten
Beschikbaarheid		Tijdsverliezen (storingen, wachten, omstellen, lijnremmer, pauze)	minuten
	B	Werkelijke productietijd	minuten
		Beschikbaarheidsgraad (B/A x 100)	%
Prestatie	C	Theoretische output	stuks
	D	Werkelijke output	stuks
		Prestatiegraad (D/C x 100)	%
Kwaliteit	E	Werkelijke output (= **D**)	stuks
		Kwaliteitsverliezen (afval, herbewerking)	stuks
	F	Goed product	stuks
		Kwaliteitsgraad (F/E x 100)	%
OEE = beschikbaarheid x prestatie x kwaliteit = %			

Oefening 2: OEE 'malverseren'

(Deze oefening heeft betrekking op de gegevens uit de Klooster Bier en Bubbels oefening).

> ? Stel u bent een operator die graag 'goede cijfers' wil laten zien. Probeer een manier te vinden om de OEE berekening te manipuleren zodat er een betere OEE verschijnt zonder dat er echt meer goede producten gemaakt worden.

OEE BEREKENEN

Hoe ziet uw belangrijkste machine eruit?
Oefening 3: Inschatting eigen situatie

Vul in onderstaand schema de **gemiddelde waarden per shift** in:

Beschikbaarheid

Hoe lang duurt een shift (in minuten, incl pauzes) ⬜ A (min.)
Stilstanden:
    Pauzes
    Operator weg (bijvoorbeeld helpen andere machine)
    Ombouwen
    Schoonmaken
    Reparatie storing
    Afstellen, calibreren
    Onderhoud
    Wachten op TD, QA, etc
    Hervullen, handling
    Geen grondstoffen
    Stilstand bij kwaliteitsproblemen
    Opstarten, opwarmen
    Geen aan/afvoer in lijn
    Andere stilstand

Tel op: + ⬜ B (min.)

Draaitijd:
    Tijd dat er iets uit de machine komt (A-B) ⬜ C (min.)

    Controle: B+C=A

$$\text{beschikbaarheid} = \frac{\text{Draaitijd (C)}}{\text{Totale shift tijd (B+C=A)}} \quad \boxed{}\ \%$$

OEE BEREKENEN

Prestatie

Hoeveel eenheden van uw belangrijkste product kunnen er **theoretisch** (als er *geen enkele remmende factor* zou zijn) **per minuut draaitijd** (C) uit de machine komen?

D (eenheden/minuut)

Theoretische productie:
(C Draaitijd) * (D max eenheden per minuut)

E (eenheden)

Werkelijke productie **gedurende draaitijd (C)**
(alle output, dus ook afkeur en her te bewerken)

F (eenheden)

$$\text{Prestatie} = \frac{\text{Totale output (F)}}{\text{Doelproductie (E)}} \quad \boxed{} \%$$

Kwaliteit

Van de totale geproduceerde eenheden (F):

- Hoeveel eenheden **afkeur/afval**?
- Hoeveel eenheden **bruikbaar, maar buiten spec**?
- Hoeveel eenheden onbruikbaar, maar **te herbewerken**?

(eenheden)

Tel op + G

Goed product: Trek af: F-G   H

$$\text{Kwaliteit} = \frac{\text{Goed product (H)}}{\text{Totale output (F)}} \quad \boxed{} \%$$

Overall Equipment Effectiveness

Beschikbaarheid X prestatie X kwaliteit =   %

Wat maakt OEE zo bijzonder?

OEE verenigt een aantal kenmerken die in geen ander meetinstrument voor de productievloer terug te vinden zijn:

- Volledig gericht op verliezen; OEE laat zien wat er níet gebeurt maar wel had kúnnen gebeuren.

- Eén getal verbindt alle parameters; tijd, geproduceerde eenheden én kwaliteit.

- Begrijpelijk voor het productieteam; OEE rekent in grootheden die herkenbaar én beïnvloedbaar zijn voor het productieteam.

- Productieteam kan de OEE sturen; alle parameters zijn dírect of indirect door het team te beïnvloeden.

- Gebalanceerd getal (geen sjoemelen).

Samenvatting

$$\text{OEE} = \frac{\text{Beschikbaarheid}}{\text{Werkelijke productietijd} / \text{Potentiële productietijd}} \times \frac{\text{Prestatie}}{\text{Werkelijke output} / \text{Theoretische output}} \times \frac{\text{Kwaliteit}}{\text{Goede output} / \text{Totale output}}$$

- Beschikbaar betekent: de machine heeft output, ongeacht de snelheid en kwaliteit ervan.

- De beschikbaarheids*graad* geeft de verhouding aan van de tijd dat de machine output heeft, versus de tijd dat er géén output was.

- Áls de machine draait, geeft de prestatiegraad de snelheid aan, gemeten ten opzicht van het *theoretisch* maximaal haalbare, ongeacht of dat op dit moment realistisch is.

- De kwaliteitsgraad bekijkt *alle* output en geeft de verhouding geproduceerd product dat in één keer aan de specificatie voldeed, versus het totaal geproduceerde volume.

Vragen om over na te denken...

? Wat gebeurt er met de OEE als u een deel van de beschikbare tijd níet meerekent (u rekent bijvoorbeeld met slechts 420 minuten per dienst terwijl er 480 minuten beschikbaar zijn)?

Is dit zinvol?

? Wat gebeurt er met de OEE als u opschrijft méér product gemaakt te hebben dan er in werkelijkheid geproduceerd werd?

Is dit zinvol?

? Wat gebeurt er met de OEE als u een storing niet opschrijft, maar in plaats daarvan zegt dat de installatie draaide?

? Wat gebeurt er met de OEE als u gaat rekenen met een *lagere* maximale snelheid dan theoretisch mogelijk is?

? Wat gebeurt er met de OEE als u onderhoudstijd níet meerekent als potentiële productietijd?

5
OEE Meten & Rapporteren

In dit hoofdstuk:

Feedback loops
Het creëren van informatie
Het naar de vloer brengen van informatie

Het verzamelen van OEE-data
Handmatig
Geautomatiseerd

Het verwerken van OEE-data

Omzetten van data naar informatie

Informatie naar de vloer brengen

Hoofdstuk 5

OEE Meten in de praktijk

Op uw machines vindt **waardetoevoeging** *plaatst. Dat betekent dat wat er uit komt meer waard is dan wat erin ging. Hoeveel meer? Dat bepaalt de klant doordat hij bereidt is ervoor te betalen! Uw machine is dus eigenlijk een geldpers! Zij maakt geld! Wat er uit komt ziet er misschien wel niet direct uit als geld, maar dat is het wel! (tenzij uw bedrijf u producten laat maken die de klant niet wil of waar de klant niet voor wil betalen).*

Het meten van OEE is het meten van machineverliezen. U gaat dus eigenlijk zichtbaar maken op welk moment u om welke reden 'géén geld maakt'.

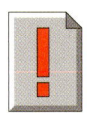

Door OEE dagelijks te meten ontdekt u patronen, trends en factoren die de effectiviteit van uw machine beïnvloeden. Daarnaast helpt OEE om de resultaten van uw verbeterinspanning, of het effect van een andere werkwijze, zichtbaar te maken.

OEE METEN & RAPPORTEREN

Dit hoofdstuk geeft richtlijnen hoe OEE te meten, inclusief het verzamelen en verwerken van OEE-gegevens en de rapportage van OEE-resultaten.

– WAARDETOEVOEGING –

Meten & Rapporteren: 'Feedback Loop'

Het is een absolute voorwaarde dat de mensen die betrokken zijn bij het gebruik van de machine ook de mensen zijn die OEE meten en analyseren. Als **operator** bent u beter bekend met 'het gedrag' van de machine dan wie dan ook. U heeft een belangrijk aandeel in de mate waarin de machine goed loopt. U bent dan ook de persoon die het beste kan aangeven wát er dagelijks precies gebeurt.

Als **teamleider** of **lijnmanager** is het uw taak feedback te geven aan uw productieteam wat er in de lijn of afdeling gebeurt, u heeft immers het overzicht. Het is uw opdracht de voorwaarden te scheppen waaronder het team de gesignaleerde verliezen kan gaan weghalen.

Snelheid is cruciaal!

OEE-grafieken zijn zinloos als ze niet snel terugkomen op de werkvloer. OEE-feedback is de stuurinformatie voor de operator. Het geeft de operator inzicht in het effect van zijn handelen:

- Wat is het effect van 'jagen'?

- Wat is het effect van niet tijdig de machine stoppen bij rare geluiden?

- Wat is het effect van een goed afgestelde geleiding?

Als deze feedback niet binnen 24 uur teruggekoppeld wordt, wordt het moeilijk voor de operator om het verband te zien tussen zijn handelen en het effect er van: Van de vorige dienst heeft u alle gebeurtenissen nog in uw hoofd, van vorige week bent u veel alweer vergeten!

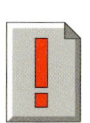

Welke gegevens verzamelen?

Voordat u OEE kunt gaan meten, moet er besloten worden wat er zoal gemeten gaat worden. Hierbij zullen een aantal afwegingen gemaakt moeten worden, die soms op gespannen voet met elkaar lijken te staan;

- **U vindt niet wat u níet zoekt**; of wel: als u de verliezen wil vinden zult u ze actief moeten gaan zoeken!
- **Hoe meer details u ziet, hoe moeilijker het wordt de grote lijn te zien**; of wel: Als u OEE als kompas wilt gebruiken om te weten welke verbeteringen zinvol zijn, moet u voorkomen in te veel details te verzanden.

Goede voorbereiding is het halve werk. Besteed dus voldoende aandacht aan het definiëren van de OEE-verliescategorieën.

De basisgegevens die u gaat meten zijn de verliezen die de beschikbaarheid, prestatie en kwaliteit verminderen. Deze gegevens kunnen van machine tot machine anders zijn, maar zullen altijd de Zes Grote Verliezen omvatten, zoals beschreven in hoofdstuk 3: 'Machineverliezen'.

Als richtlijn bij het definiëren van de OEE-verliescategorieën kunt u de 'OEE Industry Standard' gebruiken (voor meer informatie, zie bijlage).

Hoe wordt er nú geregistreerd:

? Welk soort gegevens over de werking van uw machine worden op dit moment verzameld?

? Weet u wat er met deze gegevens gebeurt?

? Welke van deze gegevens worden daadwerkelijk gebruikt om verliezen te verminderen?

? Welk soort verliesgegevens zou u willen registreren voor uw OEE-meting?

Eenvoudig gegevens verzamelen

Een goed opgezette OEE-registratie hoeft zeker niet tot meer papierwerk voor de operator te leiden. Hoogst waarschijnlijk wordt er nu al veel data verzameld, die ook voor een OEE-registratie nodig is.

Meer dan eens blijkt dat met een goed ontworpen OEE-formulier meerdere andere registraties samengevoegd kunnen worden én gelijktijdig vereenvoudigd worden. Door hier even goed over na te denken kan straks met minder moeite, méér en accurate data verkregen worden.

Het invoeren van een OEE-registratie is een goed moment om nog eens kritisch naar alle papierwerk te kijken waarmee operators op dit moment belast worden.

Bedenk van élk gegeven dat u registreert:

? Heeft de klant hier iets aan? Vraag het de klant nog eens!

? Is het wettelijk verplicht? Weet u dat zeker? Wat is de wettekst?

? Doen we er regelmatig iets mee om de machine of het proces beter te laten lopen? Wat dan? En wat levert dat op?

Als geen van de drie het geval is: STOP ER DAN MEE!

Zorg dat een volledige shiftregistratie van een machine op maximaal één (dubbelzijdig) A4-formulier past. Dit formulier omvat dus zowel tijds- hoeveelheid- en kwaliteitsregistratie!

Als u vanuit dit formulier alle andere systemen voedt, krijgt de operator een belangrijke verantwoordelijkheid: hij voegt niet alleen de daadwerkelijke waarde toe, maar registreert ook de bijbehorende data!

Eigenlijk heel logisch, want wie weet beter wat er écht gebeurd is!

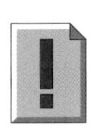

OEE METEN & RAPPORTEREN

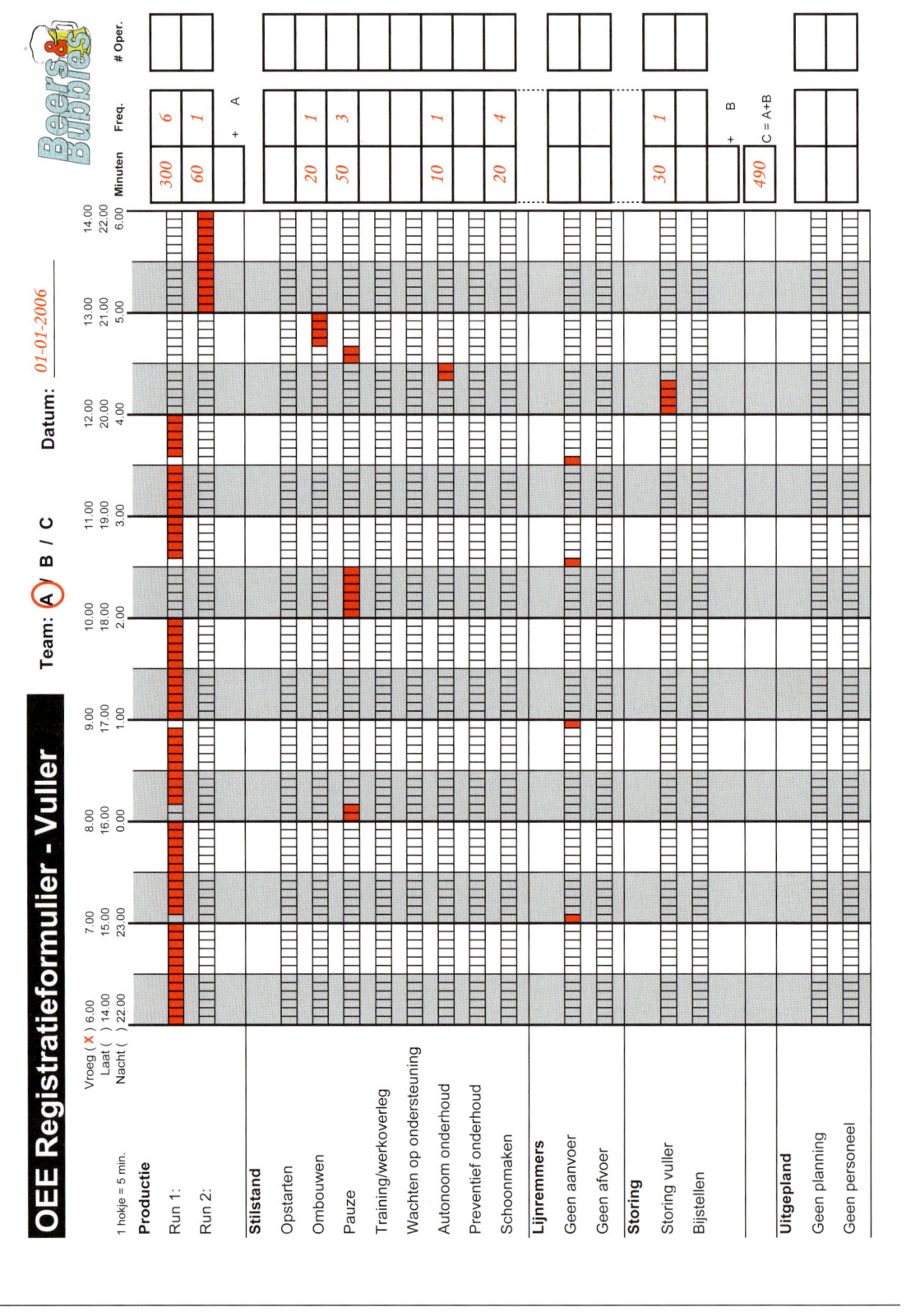

OEE METEN & RAPPORTEREN

OEE Registratieformulier - Vuller

Product	Goed product		Glasbreuk		Ondervulling	Kwaliteitstest	Herbe-werking		Werkelijke output	Productietijd [A]		Standaard [zie tabel]		Verwachte output	Ingestelde snelheid
BooZ 30cl	*120.000*	+	*30*	+	+	+	*50*	=	*120080*	*300*	×	~~450~~ / (*500*)	=	*150000*	*450*
CheerZ 50cl	*20.000*	+		+	+	+		=	*20000*	*60*	×	(*450*) / ~~500~~	=	*27000*	*420*
		+		+	+	+		=			×	450 / 500	=		
		+		+	+	+		=			×	450 / 500	=		
		+		+	+	+		=			×	450 / 500	=		
	140000								*140080*					*177000*	

D: Goed product
E: Werkelijke output
F: Verwachte output

Beschikbaarheid = Werkelijke productietijd [A] / Potentiële productietijd [C] = *75,0%*

Prestatie = Werkelijke output [E] / Verwachte output [F] = *79,1%*

Kwaliteit = Goed product [D] / Werkelijke output [E] = *99,9%*

× 100% = *59,3%* **OEE**

Standaard [stuks/min]	
Product	stuks/min
BooZ 30cl	500
BooZ 50cl	450
CheerZ 30cl	500
Cheerz 50cl	450

Opmerkingen:

Geavanceerd gegevens verzamelen

Het lijkt heel aanlokkelijk om de installatie vol te hangen met elektronica en alle gegevens voor een OEE-berekening automatisch te laten verzamelen, zodat de operator zich daar niet meer druk over hoeft te maken.

Dit hoofdstuk is met name van belang voor managers en stafmedewerkers die automatische gegevensverzameling moeten goedkeuren.

De praktijk leert dat er nauwelijks investeringen te bedenken zijn met een lagere ROI dan datacollectiesystemen, ondanks de sexy techniek en alle mooie wervende teksten van de leveranciers ten spijt. Hoe komt dat?

Psychologische hindernissen

Geavanceerde oplossingen implementeren is specialistenwerk.

- Zal de operator, die uiteindelijk op de verliesregistratie zal moeten gaan inspelen, zich hierin kunnen herkennen?

- Zijn het 'zijn/haar gegevens'? Voelt de operator zich 'eigenaar' van dit systeem?

- Doorgrond de operator de geproduceerde gegevens?

- Nodigt dit uit tot bottom-up verbetering, waarbij de kennis van de operator geactiveerd wordt, of nodigt het uit tot top-down of stafgedreven initiatieven?

- Zal de operator zijn/haar werkwijze of gedrag gaan aanpassen op basis van deze gegevens?

- Ervaart de operator het systeem als een hulpmiddel of als een mogelijke bedreiging?

Technische hindernissen

Als we écht inzicht in de verliezen willen krijgen en we willen dit volledig automatisch gaan registreren, dan zal het datacollectiesysteem 'intelligent' moeten kunnen waarnemen. Bijvoorbeeld:

Tijd:
Wat doet u als een sensor zegt 'Machine stopt' of 'Deur geopend'?

Waarom ging de deur open? Gingen we reinigen? Was er iets stuk? Moest er onderhoud gepleegd worden?

In veel van zulke gevallen blijft de operator verantwoordelijk voor het aangeven van een reden. Zal hij de ware reden aangeven? U zult dit nooit zeker weten ténzij de operator hier baat bij heeft en écht gemotiveerd is een helder beeld van het verliespatroon te krijgen!

Kwaliteit:
Hoe gaan de sensoren kwaliteitsverliezen detecteren? Kunnen we op alle kwaliteitsparameters een sensor aanbrengen? En hoe weet u nu of die sensoren doen wat u verwacht dat ze doen?

Weet u het zéker?

? Heeft u het uitschot bij een checkweigher wel eens met een weegschaaltje nagemeten?

? Ga op de productievloer één bak afkeur van een in-line automatische kwaliteitsmeting met de hand nameten en bedenk of u afhankelijk durft te zijn van zulke 'zekerheden'.

Niet zelden is juist het meetinstrument of de meetmethodiek de oorzaak van veel kwaliteitsproblemen.

Snelheid:
Hetzelfde geldt voor snelheidsverliezen. Microstops hebben als vervelend kenmerk dat ze overal en op elk moment kunnen ontstaan. Wilt u alle punten elektronisch gaan monitoren? Stel, u heeft de hele installatie vol gehangen met camera's en detectoren en u weet minutieus in welke minuut welke microstops hebben plaatsgevonden. Wat weet u nu? Wat gaat u nu doen? Is het probleem daadwerkelijk voorgoed opgelost als u hier en daar de baangeleidingen heeft bijgesteld?

Heeft dat nut? Hoeveel tijd en techniek wilt u investeren om een probleem te meten, als u het in dezelfde tijd ook had kunnen aanpakken?

Natuurlijk zult u inzicht moeten hebben in de hoeveelheid snelheidsverliezen. En op zijn minst moet u weten hoeveel verlies er optreedt doordat de installatie op een verlaagde snelheid bediend wordt en hoeveel er verloren gaat door kleine stops.

Zodra u weet dat er een bepaald aandeel verlies in één van beide soorten optreedt zult u uiteindelijk tóch moeten gaan doen wat er altijd moet gebeuren: U gaat de bronoorzaak van het verschijnsel proberen te achterhalen en te elimineren!

Ga eens een uurtje samen met een operator, een technische man en bijvoorbeeld een procestechnoloog op een stoel bij de installatie zitten, om samen aandachtig te kijken en horen wat er écht gebeurt. Ga dán gericht, bijvoorbeeld een week, registreren en volg vervolgens de PDCA-cirkel[2] om de bronoorzaken van verliezen te elimineren.

---

[2] Lees hiertoe 'Succesvol verbeteren met SGA' uitgegeven door www.FullFact.com

Implementatiesnelheid als hindernis

Automatische datacollectiesystemen worden complexer naarmate ze meer moeten gaan detecteren. Hoe complexer het systeem, hoe moeilijker te implementeren. Het vooronderzoek, ontwerp en bouwen van zulke systemen vergt doorgaans nogal wat tijd.

Voordat u aan de slag kunt gaan met actief verbeteren, gaat kostbare tijd verloren. Helaas is het wachten op zulke datasystemen vaak een geoorloofd excuus om niet met actieve verbetering aan de slag te gaan. De veronderstelling is dan vaak: 'Als we straks zo'n systeem hebben, zal de verbetering vanzelf van de grond komen'. Verbeteringen ontstaan echter zelden vanzelf!

Kostenhindernissen

Complexe, lang durende technische implementatietrajecten zijn weliswaar voor veel managers en staffunctionarissen 'sexy', maar zulke 'speeltjes' zijn vaak kostbaar. Deze kosten kunnen vervolgens weer een hindernis zijn om actief te gaan verbeteren.

Indien investeringen voor dit soort systemen niet vóóraf aantoonbaar binnen enkele maanden terug te verdienen zijn, mag u er gerust grote vraagtekens bij zetten. Weet u wel zeker dat u met de juiste dingen bezig bent?

Ga bij twijfel eerst een tijdje handmatig meten, zodat u er zicht op krijgt waar écht tijd en aandacht aan besteed moet worden.

Wanneer wel automatisch registreren?

Als het in één dag in te voeren is

Als de complete invoering van zo'n systeem niet langer duurt dan de invoering van een handmatige registratie, gaat er geen kostbare tijd verloren tot met verbeteren begonnen kan worden.

Als het iets toevoegt voor het team

Een handmatige registratie geeft geen directe feedback aan de operator. Als door het gebruik van software direct zinvolle feedback gegeven kan worden waarop het team kan sturen waardoor de prestatie aantoonbaar verbetert, kán dit iets toevoegen. Doe hierbij geen aannames, maar specificeer helder wat er nu daadwerkelijk beter gaat en wat dit oplevert!

Als het team weet voor welk probleem dit een oplossing is

Als het volledige productieteam doordrongen is van de werking en aanpak van OEE, en er een werkelijke continu verbetercultuur ontstaan is (het aanvangsverlies is minimaal 30% geëlimineerd), dan kan het zijn dat het team zelf gaat vragen om de data automatisch te gaan verzamelen.

In dat geval weet u dat het team eventuele uit te voeren investeringen zal gaan dragen en koesteren. Het team zal dan geen 'top-down' oplossingen meer accepteren, maar zelf meedenken en beslissen over de beste vorm, waardoor de uiteindelijke oplossing kosteneffectiever zal blijken, maar vooral: ze zal voldoen aan de behoefte van het team, en zo het continue verbeterproces zo goed mogelijk ondersteunen.

Eén operator beheert meerdere verschillende installaties

Er zijn situaties denkbaar waar de operator meerdere installaties onder zijn hoede heeft, die hij allemaal wil monitoren, terwijl de registratiedruk dan onevenredig hoog zou worden. Automatische datacollectie zou dan een hulpmiddel voor de operator kunnen zijn. Juist dan is dit alleen zinvol als het productieteam exact weet waar OEE over gaat. In alle andere gevallen krijgt u slechts heel veel data van heel veel installaties, en zal er geen verandering optreden, behalve dat u geld verliest aan dure 'toeters en bellen'!

Neemt u vooral de 'één druk op de knop' beloftes van allerlei leveranciers met een 'zak zout'! Al zou u de meest perfecte verliesanalyses verkrijgen (wat helemaal niet zo eenvoudig is als het lijkt) dan nog heeft u er niets aan als er niets mee gebeurt! Teambetrokkenheid is cruciaal!

Aansluiten bij taal en beleving van de vloer

Probeer het meten van de diverse eenheden zo dicht mogelijk bij de taal van de vloer te blijven.

Heeft u vandaag 40.000 flessen per uur gemaakt of 0,09 seconden per fles gedraaid? In feite is dit hetzelfde, maar het ene getal zegt meer dan het andere.

De verschillende 'graden' van OEE (beschikbaarheid, prestatie en kwaliteit) worden dan waarschijnlijk in verschillende eenheden (namelijk: 'tijd' en 'aantallen product') geregistreerd en uitgedrukt. Bij het verwerken van de OEE-gegevens moet dit vervolgens weer met elkaar in overeenstemming gebracht worden. Gelukkig is dit met goede OEE-software geen enkel probleem; zij doet dat vanzelf.

OEE Data opslaan

OEE kan eigenlijk alleen effectief tot verbetering leiden als de OEE-verliesregistratie met een vast interval (bijvoorbeeld per shift) over een langere periode gevolgd wordt, zodat patronen duidelijk worden die een aanwijzing voor de te volgen verbeteraanpak geven.

Er komen dan – zelfs bij een basale registratie – al snel forse hoeveelheden data beschikbaar.

In de begindagen van OEE werden de resultaten per shift eenvoudigweg in een diagram geplot.

U kunt zich voorstellen dat een OEE-lijngrafiek (met de lijnen voor beschikbaarheid, prestatie en kwaliteit) van dienst tot dienst met de waarden voor die dienst uitgebreid wordt, en/of dat een Pareto-diagram voor stilstanden bij elke dienst verder opgehoogd wordt. Indien dit aan de installatie – bij voorkeur door het productieteam zelf – gebeurt, levert dit doorgaans een geweldige focus op. De grafieken nodigen dan uit tot het voeren van zinvolle discussies tussen de diverse partijen.

OEE METEN & RAPPORTEREN

Het grote voordeel van deze manier van werken is de eenvoud en snelheid, zowel van invoering als van toegang tot de verliesinformatie.

De diepgang van de informatie en de analysemogelijkheden zijn echter ook tot een minimum beperkt.

Met de komst van de PC gingen steeds meer mensen OEE verwerken in spreadsheets zoals Excel. Voordeel hiervan is dat dit een goedkope en snelle manier is van dataverwerking. Maar na verloop van tijd blijkt dat Excel niet meer voldoet: het is nu eenmaal geen database systeem en kent haar beperkingen als het gaat om manipulatie van grote hoeveelheden data.

Met de komst van betaalbare computers en de beschikbaarheid van op de TPM-filosofie gebaseerde en betaalbare software[3], kunnen we de geregistreerde data ter plekke omvormen in heldere grafieken én tegelijkertijd diepgaande analyses maken. U kunt zo een breder inzicht te krijgen wat bijvoorbeeld het effect is van een bepaalde verbetering, of waar het hoogste rendement van een in te voeren verbetering te verwachten is.

Het voordeel van goede OEE-software is, dat zelfs bij handmatige administratie de data-ingave binnen één minuut mogelijk is. Het productieteam kan aan het einde van de dienst, of uiterlijk bij aanvang van de volgende dienst, feedback ontvangen over de afgelopen dienst. Zonder deze snelle feedback-loop verliest OEE zijn ware kracht: betrokkenheid van de productievloer.

Dit heeft te maken met de 'span of control' van het productieteam; het tijdsvenster dat 'in het hoofd zit' is grofweg 7 dagen; tot drie dagen terug is nog redelijk gedetailleerd bekend wat er allemaal gebeurde. Tot drie dagen vooruit én de huidige dag zijn eveneens redelijk helder. Vandaag praten over zaken die méér dan 4 dagen geleden gebeurd zijn wordt snel minder effectief.

---

[3] Zie bijvoorbeeld: www.oeetoolkit.com

OEE METEN & RAPPORTEREN

Automatiseringsvalkuilen

Datagericht in plaats van informatiegericht

Zorg dat de discussie vooral gaat over wat u uiteindelijk wilt weten: "Hoe kunnen we onze verliezen zichtbaar gaan maken?" Dit is een voorwaarde om te weten welke data verzamelt en opgeslagen moeten worden. Ga er nooit vanuit dat als er maar voldoende data opgeslagen worden, u uiteindelijk wel de nodige informatie zult krijgen.

IT-gericht versus productiegericht: pas op voor technocratie!

Laat de automatisering van OEE geen IT-vraagstuk worden! Zodra er urenlang over de techniek achter de OEE meting gepraat moet worden weet u dat u op de verkeerde weg zit!

Óók de automatisering van OEE is een *productie-* aangelegenheid! Misschien dat er even IT"ers nodig zijn om support te leveren, maar zij kunnen nooit leading zijn!

'PAS OP VOOR TECHNOCRATIE'

OEE-gegevens verwerken

De verzamelde gegevens moeten bewerkt worden om zinvolle informatie op te kunnen leveren. Er moeten verschillende berekeningen op los gelaten worden en de gegevens moeten dusdanig opgeslagen worden dat we er bijvoorbeeld verschillende soorten grafieken van kunnen maken, en diverse periodes langs elkaar kunnen zetten om bijvoorbeeld trends te ontdekken.

In het vorige hoofdstuk zagen we dat hier echte toegevoegde waarde ligt voor het gebruik van een computer met goede OEE-software, omdat we zulke analyses en grafieken liefst nog dezelfde dag willen maken.

Wie verwerkt de gegevens?

Hoe ver geautomatiseerd ook, de grafieken en analyses zullen door iemand gemaakt en aan de teamleden aangeboden moeten worden.

Eén van de operators zou dit zelf kunnen doen. In de meeste situaties heeft een operator wel een gedetailleerd beeld, maar geen volledig overzicht: Hij ziet bijvoorbeeld maar één van de ploegen, maar een deel van de productieketen of bijvoorbeeld maar één van de x-aantal identieke installaties. Een shiftmanager daarentegen heeft overzicht over een heel gebied en een lijnmanager zou juist overzicht willen hebben over een gebied gedurende alle ploegen.

Een lijnmanager die elke dag de OEE-gegevens van zijn installaties (ook van de diensten waarbij hij niet aanwezig was) verwerkt, heeft alle verliezen actief door zijn handen laten gaan. Nu kan hij de vloer op om de grafieken aan de installatie op te hangen en kan hij op basis van cijfers de juiste vragen stellen.

Wie verwerkt de gegevens níet?

Als we een gebieds- of lijnverantwoordelijke overzicht en inzicht willen geven wat er in zijn gebied aan verliezen optreedt en welke acties hij zou kunnen initiëren of ondersteunen om deze te elimineren, dan is het duidelijk dat we hem dat niet moeten onthouden door deze mogelijkheid buiten zijn invloedsbereik te leggen.

Een secretaresse, het bedrijfsbureau, de kwaliteitsdienst of andere stafafdelingen zijn dus *niet* de juiste partijen om de gegevens te verwerken.

— ROL LYNMANAGER —

Hoe worden gegevens verwerkt en hoeveel tijd kost dit?

Stap 1: U heeft gelezen dat het belangrijk is dat de operator zélf de OEE-gegevens bijhoudt, bij voorkeur op een OEE-formulier dat alle andere productieadministratie vervangt.

Aan het einde van de dienst telt de operator de verliezen op en berekent de OEE van die dienst. Hoewel technisch gezien overbodig, is dit een belangrijk evaluatiemoment. Doordat dit elke dienst opnieuw terugkeert, gaat de operator patronen herkennen en leren waar de échte verliezen zich schuilhouden.

Mits goed opgezet, kost dit zeker niet meer dan één tot vijf minuten per dienst; tijd die goed geïnvesteerd is als we het team daarmee de juiste focus geven.

Stap 2: Vervolgens komen de formulieren van de diverse installaties bij de **lijnmanager of teamleider**.

Deze zal al na korte tijd afwijkingen van de gebruikelijke patronen gaan herkennen. Omdat een goed formulier zó ontworpen is dat het de complete productieadministratie bevat én in hoge mate correct ingevuld is, **hoeft hij slechts een handje vol kerndata over te nemen in de OEE-software**. Met de combinatie van een slim formulier en de juiste OEE-software is dit binnen 30 tot 60 seconden gebeurd.

Probeert u deze luttele tijd in het begin vooral niet weg te rationaliseren: het is het moment dat de gegevens óók actief door het hoofd van de lijnmanager gaan!

Stap 3: **De lijnmanager zet de zojuist ingevoerde data om in grafieken**; voor zichzelf én voor zijn teams. Hierover meer in het volgende hoofdstuk!

Problemen bij OEE-dataverwerking

- véél data te verwerken;
- lange termijn informatie moeilijk te genereren.

Een veel voorkomende valkuil is dat teamleiders, de IT-afdeling, consultants, of anderen gaan proberen zelf tools voor het verwerken van de OEE-data te ontwikkelen; dat ziet er immers vrij simpel uit.

Gevaar: de essentie sneeuwt onder! Uiteindelijk blijkt dit helemaal niet zo simpel en gaan de discussies alleen nog maar over toeters en bellen in de software, terwijl we toch echt over de verliezen in onze productie wilden praten!

> **Verzamel zo weinig mogelijk *gegevens*, maar genereer zoveel mogelijk *informatie*.**

Hoe dan wel?

- Discussieer eerst over de *informatie* die nodig is voor verbeteren. Wat willen we precies weten? Hoe moet die informatie er uitzien?

- Voorkom lange discussies over registratie! Registratie is een middel om *informatie* te verkrijgen!

> **Bediscussieer eerst de gewenste output, dan pas de benodigde input!**

DATA OF INFORMATIE?

OEE METEN & RAPPORTEREN

OEE-data omzetten naar informatie

Heldere feedback: grafieken!

OEE-informatie delen is onmisbaar als we de verliezen van onze installatie écht willen uitroeien. Operators – de mensen die het dichtst bij de installatie staan – moeten zich bewust zijn van de OEE-resultaten. Het rapporteren van leesbare OEE-grafieken op de werkvloer, voor iedereen zichtbaar en begrijpelijk, is een onmisbare succesfactor voor echte verbetering.

Het gaat hierbij zeker niet alleen over een 'OEE-grafiekje' alléén. Wat vertellen die lijnen ons? Wat zit erachter?

De volgende vragen moeten met heldere grafieken snel beantwoord kunnen worden:

- Worden we in de loop van de tijd effectiever? Blijven we 'groeien'?

- Wat zijn de belangrijkste 'tijdvreters'?

- Wat is de gemiddelde tijd tussen storingen (MTBF; Mean Time Between Failures), wat is de gemiddelde en wat de snelste ombouw of reinigingstijd?

- Hoe lang duurt het om een storing op te lossen (MTTR; Mean Time To Repair)?

- Hoe staat het met de utilisatie van de installatie?

- Wat is de gemiddelde ombouwtijd; wordt deze tijd beter?

- Hoe vaak en hoe lang moeten we wachten op aan- of afvoer van materiaal en product?

OEE METEN & RAPPORTEREN

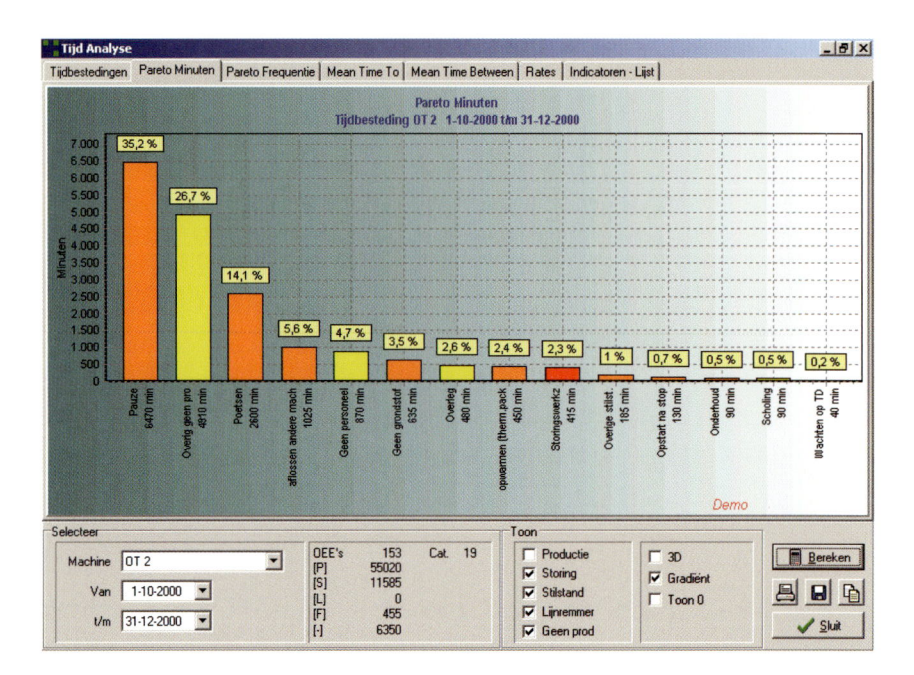

Figuur 1: Voorbeeld Pareto-diagram van stilstanden

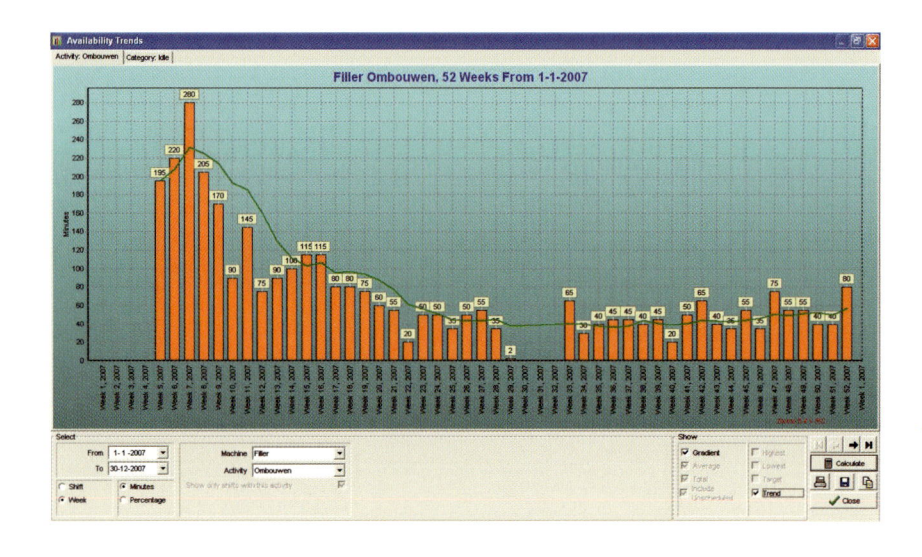

Figuur 2: Voorbeeld verloop van ombouwtijden

OEE METEN & RAPPORTEREN

Op basis van de OEE-gegevens is het eenvoudig om onderhoudsindicatoren te berekenen;

MTBF - Mean Time Between Failures

$$\text{MTBF} = \frac{\text{Loading Time} \quad 150525}{\text{Total Failures} \quad 57} = 2641 \text{ min}$$

FFR - Failure Frequency Rate

$$\text{FFR} = \frac{\text{Total Failures} \quad 57}{\text{Loading Time} \quad 150525} = 0.0004$$

> Elke 44 uur 1 uur kapot!

MTTR - Mean Time To Repair

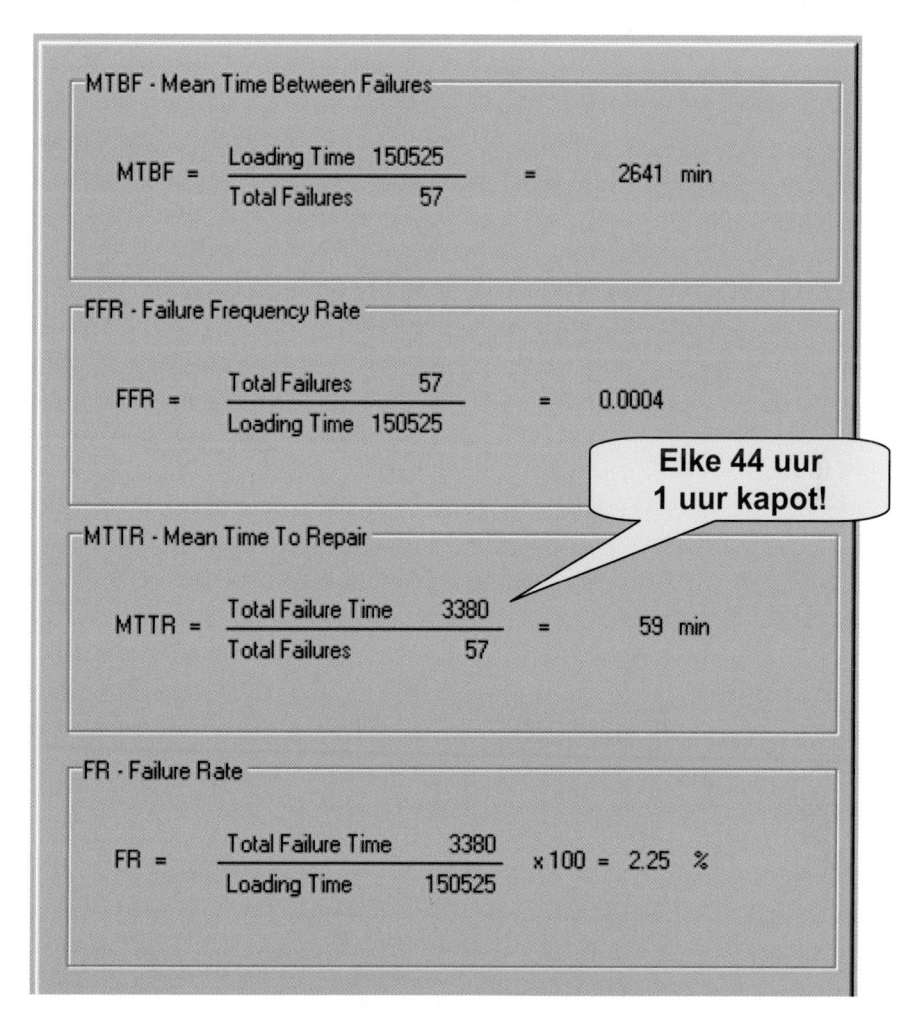

$$\text{MTTR} = \frac{\text{Total Failure Time} \quad 3380}{\text{Total Failures} \quad 57} = 59 \text{ min}$$

FR - Failure Rate

$$\text{FR} = \frac{\text{Total Failure Time} \quad 3380}{\text{Loading Time} \quad 150525} \times 100 = 2.25 \text{ \%}$$

Figuur 3: Maintenance-indicatoren op basis van OEE-data

(grafieken gemaakt met behulp van OEE Toolkit, zie www.oeetoolkit.com)

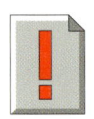

OEE-gegevens naar de vloer brengen

OEE-gegevens die op het bureau van een manager of stafdienst liggen zijn zinloos. Alleen als het productieteam er actief kennis van neemt én er op stuurt kan er verbetering optreden. OEE-gegevens moeten dus op de vloer leven!

Om het productieteam in staat te stellen direct te reageren, moeten de OEE-gegevens binnen 24 uur, in voor het team bruikbare vorm, beschikbaar zijn, zo zagen we eerder.

Het nut van een 'OEE-cockpit'

Een OEE-cockpit is een bord direct aan de installatie met alle relevant stuurinformatie. Hiermee kan het team de effectiviteit van de installatie volgen en verbeteren. De OEE-cockpit is een vaste plaats, waar teamleider/lijnmanager, operators en TD'ers met elkaar communiceren over het reduceren van de installatieverliezen.

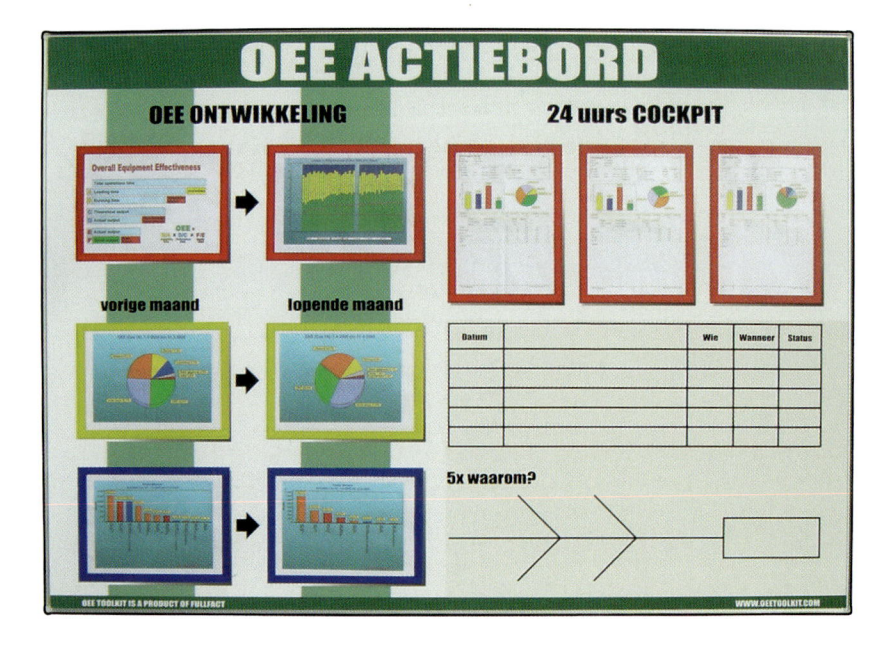

Figuur 4: OEE-cockpit

OEE METEN & RAPPORTEREN

De OEE-cockpit wordt bij voorkeur zo kort mogelijk bij de betreffende installatie gehangen, dáár waar het uitnodigt om te communiceren over de te volgen acties in de komende uren en dagen.

- Een koffieautomaat is vaak een 'natuurlijke plek' van communicatie.

- Laat de ploegoverdracht bij de OEE-cockpit plaatsvinden!

- Indien mogelijk: creëer een vriendelijk hoekje met een sta-tafel en een whiteboard, waar korte pauzes en overlegsituaties kunnen plaatsvinden.

NATUURLIJKE PLEK

Samenvatting

- OEE-registratie draagt bij om patronen te herkennen in installatieverliezen

- OEE laat het effect zien van verbeteractiviteiten.

- Het proces van meten en gebruiken van OEE-data is een belangrijk middel om eigenaarschap te creëren bij de mensen die direct bij de machine betrokken zijn.

- De productievloer is de belangrijkste doelgroep voor OEE-feedback.

- Bij invoering van OEE moet beslist worden welke gegevens gemeten gaan worden. Dit omvat drie gegevensgroepen:

    - verliezen die de beschikbaarheid verminderen;

    - verliezen die de prestatie (snelheid) verminderen;

    - verliezen die de kwaliteit verminderen.

- Welke gegevens u precies gaat registreren is verschillend per installatie. De 'OEE Industry Standard' biedt echter een heldere richtlijn voor een uniforme en zinvolle definiëring van de OEE-parameters

- Het doel van de OEE-registratie is níet het maken van extra papier.

- Een goed ontworpen registratieformulier kan meerdere andere registraties vervangen én tegelijkertijd sneller te gebruiken zijn!

- Na het verzamelen van OEE-data moeten deze onmiddellijk verwerkt worden, zodat uiterlijk bij aanvang van de volgende dienst zinvolle feedback aan het productieteam gegeven kan worden.

OEE METEN & RAPPORTEREN

- Het verzamelen van de OEE-data gebeurt door de operator. Het verwerken door de gene die overzicht heeft over lijn/afdeling en diensten: veelal de lijnmanager.

- Het rapporteren in heldere grafieken op de productievloer is een voorwaarde voor het verkrijgen van de voor verbeteringen benodigde betrokkenheid van het productieteam.

OEE METEN & RAPPORTEREN

Vragen om over na te denken...

- ? Hoe gaat u zorgen dat TD'ers en operators het samen eens zijn over de geregistreerde reparatietijd?

- ? Bekijk het OEE-registratieformulier. Hoeveel tijdscategorieën kunt u maximaal registreren?

- ? Welk soort gegevens zou u als operator in een 3-ploegendienst graag bij de machine willen zien hangen?

- ? ... En welke liever niet?

- ? Welk soort gegevens zou u als TD'er graag bij de machine willen zien hangen?

- ? ... En welke liever niet?

- ? Welk soort gegevens zou u als teamleider/manager graag bij de machine willen zien hangen?

- ? ... En welke liever niet?

6
OEE Verbeteren

In dit hoofdstuk:

Verbeteren met OEE
Continue verbeteren met OEE
'Target based' verbeteren met OEE

Valkuilen van 'verbeteren'

Hoeveel verbetering is 'beter'?

OEE VERBETEREN

Hoofdstuk 6

Alice in Wonderland…

Op haar tocht door Wonderland kwam Alice op een kruising van wegen.

'Welke weg zal ik nemen', vroeg ze de Kat. 'Dat ligt eraan waar je naartoe wil' antwoordde de Kat.

Alice dacht na…'Het maakt me niet uit, als ik maar ergens terecht kom.' Waarop de Kat wist: 'Dan maakt het ook niet uit welke weg je kiest…Als je maar lang genoeg doorloopt kom je zeker ergens terecht.'

Wat u met de invoering van OEE *gaat* bereiken, is voor een belangrijk deel afhankelijk van wat u *wilt* bereiken. In dit hoofdstuk krijgt u een beter idee welke verbeterpaden u kunt inslaan en welke valkuilen u beter kunt vermijden!.

Verbeteren met OEE

"Overall Equipment Effectiveness is een eenvoudig maar krachtig meetinstrument, om te ontdekken waar de mogelijkheden liggen om de installatie effectiever te laten lopen."

Effectiever, dat klinkt mooi, maar wat is dat precies: 'effectiever te laten lopen?'

In uw eerste reactie denkt u daarbij misschien aan 'goedkoper' maar is dat echt wat u nodig heeft?

- Moet de installatie betrouwbaarder worden, zodat er beter op te plannen is?
- Moet de kwaliteit minder wisselend zijn, zodat elders in het proces minder verstoring optreedt?
- Moeten er kleinere batchgroottes gedraaid kunnen worden om de klant sneller te voorzien?
- Of moet de installatie een hogere continue snelheid hebben zodat de rest van de keten niet meer geremd wordt?

Waar moet 'effectiever' toe leiden? Is er een gericht doel waar u naar toe moet werken? Of is elke verbetering een verbetering die 'gewoon welkom' is, waarvan we straks wel zien wat we er mee gaan doen?

Afhankelijk van uw échte vragen, kan OEE een richting geven aan de acties die er genomen moeten worden, waarbij u vóóraf kunt berekenen welke verbetering u nodig heeft om dit te bereiken.

OEE VERBETEREN

Hoeveel verbetering is een verbetering?

Geef op de volgende vragen uw eerste reactie:

? Is een OEE-stijging altijd zichtbaar in meer product?

? Levert 10% meer OEE altijd evenveel méér product op?

? Is een hogere OEE altijd goed nieuws?

In het volgende hoofdstuk zullen we deze thema's verder bekijken.

De relatie tussen OEE en output

Oefening 4: OEE en output

Wat is de relatie tussen OEE en output?

Bekijk de volgende situatie:

De gemiddelde output van een machine is 500 delen per shift.

De OEE van deze machine is 30%.

Na enige tijd is het de operators gelukt, de OEE met 10% te laten stijgen naar 40%.

? Hoeveel **procent** stijgt de *output* als de OEE stijgt van 30 naar 40%?

? Hoeveel **delen** maakt deze machine als ze op 40% OEE draait?

OEE VERBETEREN

Hoe bereken ik de outputstijging?

Om vlug het percentage meer goede output te berekenen bij een OEE-stijging, delen we de nieuwe OEE, door de oude OEE-waarde;

Hoe bereken ik uit mijn OEE-stijging het percentage outputstijging?

$$\frac{Nieuwe\ OEE}{Oude\ OEE} \times 100\% = \%\ nieuwe\ output$$

Van 20% OEE naar 40 % OEE is 2x meer output!

Hoeveel méér output één procent OEE-stijging oplevert is dus afhankelijk van hoe hoog de OEE op dat moment is:
Van 10 naar 11% OEE is 10% méér output!
Van 75 naar 76% OEE is maar 1,013% meer output.

Visteon Automotive Systems:

"Kleine verbeteringen in de OEE kunnen een enorme impact hebben; een verbetering van 13% OEE in 10 maanden, leverde 55% meer output op."

OEE VERBETEREN

Een lage OEE is om mee te starten dus goed nieuws:

1. **Er is dan veel ruimte voor verbetering.**
2. **Elk procent OEE-stijging levert flink meer output!**

? Als u gisteren én vandaag 65% OEE draaide, maakte u dan op beide dagen evenveel product?

OEE VERBETEREN

Antwoord:

OEE geeft het percentage *goed* product aan, ten opzichte van het theoretisch maximaal haalbare. U maakte dus op beide dagen evenveel *goed* product. Of u in totaal evenveel product maakte is afhankelijk van de kwaliteitsgraad, kijk maar:

> **Gisteren:**
>
> beschikbaar 80% x prestatie 85% x kwaliteit 95% = 65%
>
> **Vandaag:**
>
> beschikbaar 80% x prestatie 95% x kwaliteit 85% = 65%
>
> De machine liep vandaag sneller, maar produceerde meer afkeur.

Dit voorbeeld laat zien dat sneller zeker niet altijd beter is en dat het OEE-getal niet los gezien kan worden van de onderliggende beschikbaarheids-, prestatie-, en kwaliteitsgraad!

OEE VERBETEREN

Wanneer is een hogere OEE géén goed nieuws?

Situatie 1: meer afval

Stel we hebben de volgende situatie:

> **Gisteren:**
>
> beschikbaar 80% x prestatie 85% x kwaliteit 95% = 65%
>
> **Vandaag:**
>
> beschikbaar 85% x prestatie 99% x kwaliteit 85% = 71%

Deze OEE-stijging van 6% levert maar liefst 9% méér goed product op (de machine heeft namelijk behoorlijk veel sneller gelopen) maar, er wordt óók veel meer afkeur gemaakt!

Is dit goed nieuws? Nee, nooit!

1. Het proces raakt duidelijk instabiel. De kwaliteitsproblemen zijn waarschijnlijk nog maar het topje van de ijsberg. Als het 'systeem' dit aan zou kunnen, zouden er immers geen kwaliteitsproblemen ontstaan.

2. De kosten van de afkeurproducten zijn hoog, zelfs bij een 'goedkoop' product, zoals (met alle respect voor dit mooie product!) bijvoorbeeld eierdozen. Reken maar eens uit hoe snel u uw winstmarge verspeelt door meer afkeur te maken! Eenmaal dat kantelpunt voorbij, maakt u wel meer product, maar feitelijk bent u dan in rap tempo verlies aan het maken! U gooit er dus geld achteraan!

Situatie 2: voorraad stijgt

> **Gisteren:**
>
> klantvraag: 650 eenheden
>
> beschikbaar 80% x prestatie 85% x kwaliteit 99% = 67%
>
> output: 670 eenheden
>
> **Vandaag:**
>
> klantvraag: 650 eenheden
>
> beschikbaar 90% x prestatie 85% x kwaliteit 99% = 76%
>
> output: 760 eenheden

U maakte gisteren 20 eenheden méér dan er verkocht werden. Deze 20 eenheden hebben hun volledige kostprijs verbruikt, terwijl er geen geld voor terugkomt: u moet ze dus zelf 'financieren'.

Daarnaast kunnen deze producten niet direct naar de klant verscheept worden: u zult ze ergens moeten gaan opslaan. Dit kost onnodige handlingskosten en er moet een voorziening voor getroffen worden: een magazijn. Heeft u enig idee wat een magazijn (los van de inhoud) kost, als u alle kosten meerekent (direct: m^2 grondprijs, stellingen, gebouw, verzekering, intern transport, administratie, automatisering, energie, bakken, beheer, beveiliging. Indirect: beschadigd product, overjarig/overtijd, blokkeren uitbreidingsruimte fabriek, verlies aan transparantie ware klantbehoefte).

Het productieteam heeft – in dit voorbeeld – vandaag prima gewerkt, maar tevens bovenstaande probleem vergroot. Uw doel-OEE voor gisteren en vandaag was: 65% om 650 eenheden voor de klant te maken.

OEE VERBETEREN

> ? Welke mogelijkheden tot winstvergroting biedt deze lagere doel-OEE?

Antwoord:

Dit is sterk afhankelijk van de situatie. Ik geef u een aantal 'denkrichtingen':

Bij een klantvraag van 650 stuks en de OEE van vandaag (76%) had u grofweg 15% 'overcapaciteit'; op een dienst van 8 uur dus ruim één uur. Wat had u daarmee kunnen doen als u dit niet gebruikt zou hebben om dure voorraad te produceren?

1. Domweg eerder stoppen en de mensen een potje laten voetballen was al goedkoper geweest!

2. U had dit uur zinvol kunnen invullen door de installatie te reinigen, (autonoom) onderhoud uit te voeren, operationele trainingen uit te voeren of een SGA (verbeterteam) een probleem te laten oplossen.

3. Er is nu tijd om tussendoor een keer extra om te bouwen; in plaats van één grote order had u nu twee kleinere orders kunnen uitvoeren. Als de klant van vandaag niet de volle 650 eenheden nodig had gehad, had u wellicht twee klanten snel kunnen helpen!

4. Wellicht verbruikt de installatie minder energie bij een lagere snelheid, of kan bij een lagere snelheid met minder mankracht gewerkt worden. In dat geval wordt de volledige tijd benut, maar bewust met een lagere snelheid gedraaid.

Laat het idee los dat een installatie altijd, en op volle snelheid moet draaien! Dat doet u met uw auto toch ook niet? Het doel van de installatie is om *waarde* te creëren, niet om alleen te draaien!

Situatie 3: hogere effectiviteit, lagere efficiency

Gisteren:

klantvraag: 1000 eenheden

beschikbaar 80% x prestatie 85% x kwaliteit 99% = 67%

output: 670 eenheden

operators: 1

Vandaag:

klantvraag: 1000 eenheden

beschikbaar 90% x prestatie 85% x kwaliteit 99% = 76%

output: 760 eenheden

operators: 3

In deze situatie is er een structureel capaciteitsgebrek; u kunt verkopen wat u produceert: heerlijk!

Door twee extra operators in te zetten is de output met 13,5% gestegen (nieuwe OEE /oude OEE), en deze producten kunt u direct verkopen. De vraag is echter of u er nu nog geld aan verdient? U heeft er immers 3x zoveel manuren in gestopt!

In alle gevallen waarbij de OEE stijgt door meer resources (manuren, energie, grondstoffen) te gebruiken, zult u zorgvuldig moeten doorrekenen wat dit met uw kosten/baten-verhouding doet. Misschien gaat uw winstpercentage omlaag, maar doordat u meer verkoopt het winstbedrag omhoog. Misschien gaat u meer verkopen, maar verdient u niks extra, of misschien gaat u juist mínder winst of zelfs verlies maken!

Waarschuwing!

Er bestaat een nachtmerriescenario, waarbij het lijkt alsof alles prima gaat. De productie draait als een tierelier, u verkoopt veel meer dan gebruikelijk, u doet er zelfs nóg een schepje bovenop, en ondertussen draait u opeens verlies! U bent dan vol enthousiasme uw geld naar de klant aan het dragen. Als u dit niet snel genoeg detecteert (hoe snel is uw financiële rapportage systeem?) kan het zijn dat u zomaar in zware liquiditeitsproblemen komt en failliet gaat!

Situatie 4: OEE wordt onstabiel

> **Vorige maand:**
>
> gemiddelde OEE van 42%
>
> laagste OEE 40% hoogste 44%
>
> de machine loopt gestaag stabiel.
>
> **Deze maand:**
>
> OEE gestegen naar 52%
>
> laagste OEE 32% hoogste 68%
>
> hollen en stilstaan; onregelmatige en onbetrouwbare output.

Dit effect zien we regelmatig direct na invoering van OEE: het team gaat 'jagen' om vooral een hoge OEE te halen. Het proces raakt verstoort en uit balans. Er is niet meer op te plannen.

Zorg éérst dat de machine stabiel bedreven kan worden, ga dán pas de snelheid verhogen! Probeer maar eens een hele week strikt op één vaste OEE-waarde te draaien! Er ontstaat rust die gelegenheid biedt om te gaan verbeteren.

Continue verbetering met OEE

Er zijn veel redenen om te gaan verbeteren en er kan op veel manieren gestart worden. De meest gebruikte manier van verbeteren is: 'aan de slag'.

Als, om welke reden dan ook, wordt besloten dat een installatie beter moet presteren, kan er een verbeteraanpak op losgelaten worden zoals TPM, Six Sigma of iets anders. Het is dan heel prettig om te 'weten door te meten'. Wat is er aan de hand op deze installatie? Wat gaan we verbeteren en heeft onze aanpak succes?

Met OEE kan snel een plaatje gemaakt worden van alle verliezen die er zijn, en dan is het een kwestie van kiezen welk verlies aangepakt wordt.

U weet nu hoe OEE werkt. Kunt u zich voorstellen dat het eigenlijk heel simpel is, om uit een Pareto-diagram[4] van stilstanden, of uit een verliestaart, een onderwerp te kiezen waar veel winst te behalen valt, en waarbij u ook het gevoel heeft iets te kunnen bereiken?

Zo kunt u voorkomen dat er veel tijd, geld en energie gestoken wordt in onderwerpen die uiteindelijk maar weinig verbeterpotentieel in zich hebben. Wellicht kunt u zich hiervan voorbeelden uit het verleden herinneren.

U kunt hiermee óók de lopende plannen nog eens tegen het licht houden. Voor welk verlies zijn zij een oplossing? Hoe ligt de kosten-baten verhouding?

---

[4] Een Pareto-diagram laat zien welke 20% van de stilstandsredenen 80% van de stilstandstijd veroorzaken; kortom wat zijn de grootste tijdsverslinders?

OEE VERBETEREN

Voorbeeld continu verbeteren:

? Uw installatie laat de onderstaande OEE-grafieken zien. Welke activiteiten zou u willen ontplooien en wat zou u kunnen bereiken?

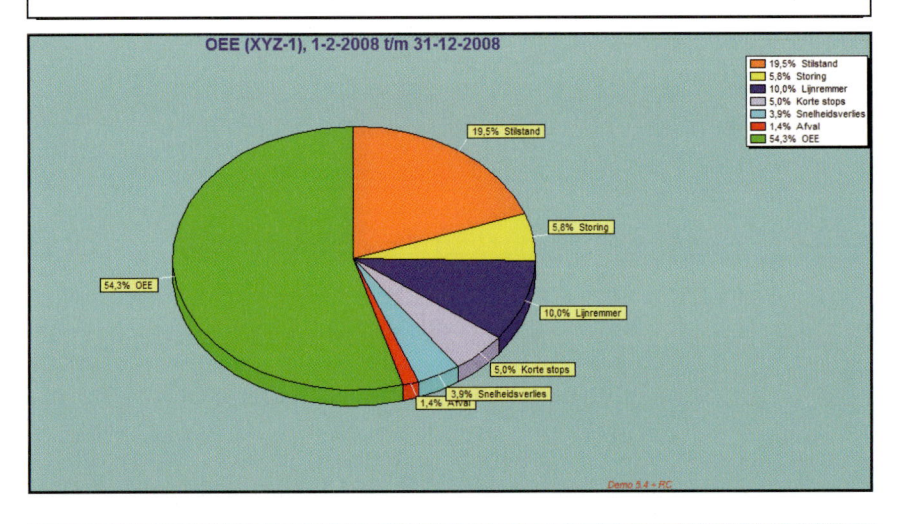

Grafiek verliestaart

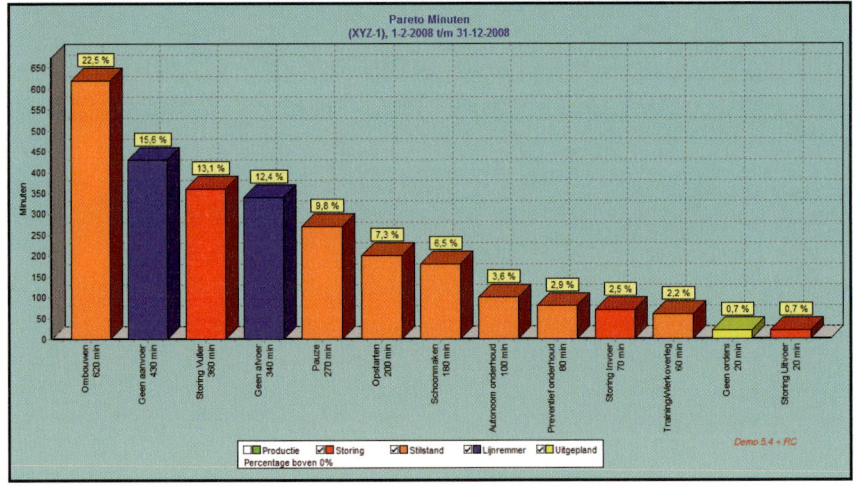

Pareto-grafiek

U kunt nu heel calculerend te werk gaan:

Als u zich richt op het terugdringen van ´storingen uitvoer´ kunt u maximaal 0,7% van de stilstanden elimineren. Zou u zich in dezelfde tijd gaan richten op het reduceren van ombouwtijden dan zit er maximaal 22,5% van de stilstanden in.

U kunt echter ook kijken wat het snelst of makkelijkst te scoren is. Is de 2,2% verlies bij training/werkoverleg niet een kwestie van goede afspraken maken die u vanaf volgende week kunt uitvoeren? Dat is dan vlug verdiend, nietwaar?

Op deze manier kunt u zich van week tot week door de verliezen heen werken, steeds opnieuw bepalend wat de volgende hap uit de verlieskoek zal zijn.

Begin nooit met die dingen waarvoor investeringen nodig zijn of dingen waarvoor u afhankelijk wordt van bijvoorbeeld complexe techniek. De ervaring leert dat 80% van de verbeteringen te halen zijn zónder investeringen en zónder toevoeging van meer techniek. Echt waar!

Een uitzondering op bovenstaand verhaal doet zich voor als de installatie jarenlang 'uitgewoond' is en er veel achterstallig onderhoud nodig is. U mag de kosten daarvan echter niet als een investering zien; het betreft het **aflossen van een opgebouwde schuld**: de kosten van achterstallig onderhoud zijn uiteindelijk meestal veel hoger dan wanneer dat onderhoud regulier uitgevoerd zou zijn!

Gebruik de volgende vuistregel: Als er om investeringen gevraagd wordt, terwijl de productiviteit niet al minimaal verdubbeld is, is er onvoldoende nagedacht over de manier waarop de gewenste verbetering behaald kan worden.

OEE VERBETEREN

Verbeter eerst de dingen die u zelf kunt doen, ga dan pas aan anderen vragen om te veranderen! Zorg dat u eerst uw eigen zaken op orde heeft, en geef dan aan wat anderen zouden kunnen veranderen om het geheel beter te laten verlopen!

Het ligt soms op het puntje van de tong om te gaan mopperen op toeleveranciers, andere afdelingen of derde partijen. Is dit altijd terecht?

Weet die ander wel welke problemen u heeft? Weet u wat uw aandeel daarin is? Heeft u de ander voldoende geïnstrueerd? Weet de ander wat uw ware behoefte is? Levert u uw opdrachten voldoende helder aan? Stelt u reële eisen aan de ander? Heeft u de ander wel eens gevraagd hoe u het hem zo makkelijk mogelijk kunt maken zodat u krijgt wat *u* nodig heeft?

'Target based' verbeteren met OEE

In sommige gevallen is er een concrete noodzaak tot een bepaalde verbetering, bijvoorbeeld omdat een bepaalde installatie veel problemen in de keten oplevert, of een maximale kostprijs overschreden wordt. In zo'n geval kan het zijn dat er een concreet verbeterdoel voorhanden is:

- Er wordt structureel 2 uur per week overgewerkt om de orders af te krijgen. Om niet meer te hoeven overwerken, moet het product 40 uur in plaats van in 42 uur gemaakt worden; we zoeken dus 5% extra capaciteit. Zit dat er in?

- De twee bestaande persen kunnen het werk niet aan, we verliezen orders aan een concurrent. De aanschaf van een derde pers wordt overwogen. Als de bestaande persen ieder 25% meer output zouden leveren, zouden we geen investeringen hoeven te doen én de kostprijs zou verlagen. Kan dat?

- We zouden onze klanten beter kunnen bedienen als we in kleinere batches gaan produceren, maar dan moeten we veel meer gaan ombouwen, en daar is geen ruimte voor. Zou er ruimte te maken zijn?

Zonder tot in detail te weten wat je dan zou moeten doen, is het mogelijk om te berekenen wat je in dit soort gevallen zou kúnnen doen en of zo'n verbetering er wel echt in zit.

Het volgende voorbeeld laat zien hoe.

Voorbeeld 'target based' verbeteren:

De wens tot verbetering

Omdat het ombouwen van de installatie 4 uur duurt, worden er batches van minimaal 20 uur ingepland, zodat er slechts in één dienst per dag omgebouwd hoeft te worden. De meeste klantorders bestaan echter uit partijen van 4 uur. Als we deze in dezelfde tijd willen produceren, moeten we dus in 20 uur 5 orders van 4 uur afwerken, waarbij we dezelfde 4 uur voor ombouwen ter beschikking hebben.

Dus nu: 1x4 uur ombouwen, 1x20 uur productie

4u	20 uur Productie

Om het doel te bereiken, zou dit er als volgt moeten gaan uitzien:
5x 48 minuten ombouw (4 uur), 5x4 uur productie

48m	4 uur	48m	4 uur	48m	4 uur	48m	4 uur	48m	4 uur

Het gevolg

Als u dit zou doen, zou u géén effectiviteitsverlies lijden. Immers, als we er van uitgaan dat snelheid en kwaliteit gelijk zouden blijven, dan zou uw beschikbaarheidsgraad nu 20/24=83,3% zijn. Dat zou worden: (5x4)/24=83,3%

Uw OEE zou dus, hoe gek dat ook lijkt, óók gelijk blijven.

De winst zit erin dat u sneller ombouwt en daardoor kleinere charges kunt maken, waardoor u uw klanten sneller kunt bedienen zónder met buffervoorraden te werken.

Het zoeken naar mogelijke wegen

Tot zover de theorie. Met een OEE-meting kunt u nu op zoek gaan naar de mogelijkheden om deze kleinere batches te gaan maken.

Ombouwtijden
Allereerst zou u de bestaande ombouwtijden kunnen bekijken. Is het inderdaad zo dat we er altijd 4 uur over doen? In de praktijk blijken er steeds weer heel wat kortere tijden voor te komen. Wat was er toen anders

OEE VERBETEREN

dan anders? Wat moet er gebeuren om dat altijd zo te laten zijn? U hoeft dus slechts te gaan doen wat u al aangetoond heeft te kunnen!

Nu gaan we nog even in de TPM-gereedschapskist neuzen:

De Japanner Shingo Shingeo heeft een methode ontwikkeld om machines 'pitstopachtig' om te bouwen (dit heet SMED; Single Minute Exchange of Die[5]) en hij stelt:

'Elke ombouwtijd kan met 90% gereduceerd worden.' Nou dat komt mooi uit, want wij moeten van 4 uur (240 minuten) naar 48 minuten: een reductie van 80%. Ambitieus, maar volgens Shingo realistisch!

Stel we voeren deze SMED-methode in en we komen op een nieuwe ombouwtijd van 90 minuten uit, een reductie van 62,5%. Heel aardig maar niet genoeg!

Meer output in dezelfde tijd
Na SMED: 5x 90 minuten ombouw (7,5 uur). Er rest ons nu 24-7,5=16,5 uur om 5 orders te maken, dus 16,5/5= 3,3 uur per batch.

90m	3,3 uur	90m	3,3 uur	90m	3,3 uur	90m	3,3 uur	90m	3,3 uur

Het productieteam heeft een geweldige verbetering geleverd door de ombouwtijd te reduceren en krijgt nu de opdracht om de effectiviteit van de productieruns te verhogen:

Om precies te zijn: Van 4 uur naar 3,3 uur. Eén charge moet nu in 198 in plaats van in 240 minuten gemaakt worden; een te realiseren verbetering van 21%.

De eerste reactie is waarschijnlijk: 'Dat kan niet!'

Een blik op de OEE-gegevens moet daar uitsluitsel over geven.

Alleen als de prestatiegraad én de kwaliteitsgraad beide op 100% staan, kan de machine *op dit moment* niet meer eenheden afleveren. Maar wat als we dit dan toch zouden willen? Dan zou dit alleen nog maar kunnen door de

---

[5] Zie ook: Single Minute Exchange of Die (SMED), Effectief verbeteren: de weg naar het ideaal met SMED, www.FullFact.com

OEE VERBETEREN

machine een hogere maximale snelheid te gaan geven: een (stevige?) re-engineeringsklus dus.

Maar zit er écht nergens geen verborgen capaciteit meer? Wat is de werkelijke prestatiegraad en kwaliteitsgraad? Kortom presteert de machine wel op technisch maximum?

We onderzoeken de OEE-gegevens, en wat blijkt: Om de afkeur zoveel mogelijk te beperken laat de operator de machine op 85% van zijn theoretisch maximum draaien. Een gereduceerde snelheid van 15% dus.

We berekenen bij deze gereduceerd ingestelde snelheid de verwachte output (de tijd dat de machine werkelijk loopt, maal de ingestelde snelheid). Bij deze ingestelde snelheid zou er 6% méér output moeten zijn dan er daadwerkelijk uitkomt. De machine verliest dus blijkbaar capaciteit doordat hij de ingestelde snelheid niet continu haalt. De operators klagen dan ook regelmatig over vastzittende producten en blokkerende sensoren die wel eenvoudig en snel te verhelpen zijn, maar veel werk en irritatie opleveren. Hier is dus ruimte voor verbetering!

Wat niet aan de specificaties voldoet kun je beter niet maken!
Vervolgens gaan we de kwaliteitsgraad eens onder de loep nemen.

Stel de OEE-registratie toont aan dat we 3% herbewerkingsproduct maken (product dat niet de eerste keer conform spec was, maar na herbewerking wel). En daarnaast 2% afval; product dat niet aan de specificatie voldoet. Daarnaast maken we nog 3% procent product dat weliswaar niet aan de spec voldoet, maar als B-keuze verkocht wordt op de 'ramsj-markt'. Dan verliezen we in totaal 8% van het geproduceerde product omdat het niet 'First Time Right' was. 8% wordt dus onttrokken aan de gewenste capaciteit!

Het verliesplaatje geeft richting

Waar staan we nu? Ons oude productieschema was: 1x4 uur ombouwen, 1x20 uur productie.

4u	20 uur Productie

We zouden aan de klantbehoefte kunnen voldoen door dit te veranderen in: 5x 48 minuten ombouw (4 uur), 5x4 uur productie.

48m	4 uur	48m	4 uur	48m	4 uur	48m	4 uur	48m	4 uur

OEE VERBETEREN

Na een ombouwtijdenreductie (SMED) kwamen we op: 5x 90 minuten ombouw (7,5 uur), en restte ons 24-7,5=16,5 uur om 5 orders te maken, dus 16,5/5= 3,3 uur per batch.

| 90m | 3,3 uur | 90m | 3,3 uur | 90m | 3,3 uur | 90m | 3,3 uur | 90m | 3,3 uur |

Het productieteam kon nu kiezen:

1. Nog een keer een SMED-actie doen om te ombouwtijd nog verder te reduceren.

2. De effectiviteit van de productieruns verhogen: dezelfde hoeveelheid product moet dan in plaats van in 4 uur (=240 min) in 3,3 uur (198 min) gemaakt worden; een verbetering van 21%.

Door weliswaar sneller maar tevens meer om te gaan bouwen, zijn er van de oorspronkelijke 20 productie-uren per dag nog maar 16,5 uren overgebleven. Uit de analyse van prestatie-, en kwaliteitsgraad leerde het team dat daar nog rek op zit:

We hadden 20 productie-uren:

| 4u ombouw | 20 uur productie |

In de 20 productie-uren draait de machine niet op maximale snelheid; we verliezen dus capaciteit:

4u ombouw	Verwachte output: 20 uur productie x theoretisch maximale snelheid		
	Werkelijk output: 79%	6% haperen	15% snelheids reductie

Van de geproduceerde capaciteit is niet alles 'first time right': 3% van de output was herbewerkingproduct, 2% afval en 3% procent product was B-keuze; áls we iets maken, maken we dus maar 92% goed product.

4u ombouw	Verwachte output: 20 uur productie x theoretisch maximale snelheid					
	Werkelijk output: 79%				6% haperen	15% snelheids reductie
	92% goed product	3%	2%	3%		

OEE VERBETEREN

> Onze beschikbaarheid is dus 83% (20 uur /24 uur).
>
> In de 20 draai-uren hebben we een prestatie (snelheid) van 79%.
>
> Van het geproduceerde is de kwaliteit 92%.
>
> Hoe effectief zijn we dus?
>
> 83% beschikbaar x 79% prestatie x 92% kwaliteit = 60%.

Is het doel haalbaar?

Als we dus zonder snelheidsverlies en zonder kwaliteitsproblemen zouden draaien, zouden we de dezelfde hoeveelheid goed product kunnen maken in een kortere tijd.

In 20 uur draaien we op 79% snelheid: we verliezen dus 21% van 20 uur, ofwel 4:12 uur.

In de overblijvende 15:48 uur draaien we met 92% kwaliteit. We verliezen dus opnieuw 8%= 1:16 uur.

Er resteren nu 14:32 effectieve uren! De overige uren verliezen we immers aan snelheids-, en kwaliteitsverliezen.

Om aan de klantwens te voldoen hebben we 16,5 uren ter beschikking; theoretisch moet het dus ruim kunnen!

Welke acties zouden er genomen kunnen worden?

Het productieteam kan nu onderzoek doen naar de mogelijkheden op de volgende gebieden:

Instelling van de verlaagde machinesnelheid (=15% snelheidsverlies);

Het blokkeren van product en sensoren (=6% snelheidsverlies);

Het ontstaan van herbewerkingproduct (=3% kwaliteitsverlies);

Het ontstaan van B-keuze product (=3% kwaliteitsverlies);

Het ontstaan van afval (=2% kwaliteitsverlies).

Conclusie

- OEE kan helpen om gericht te zoeken naar de wegen om ook ambitieuze doelstellingen te realiseren.

- Door niet vanuit de onmogelijkheden te redeneren, maar vanuit de mogelijkheden (verliezen zijn geen hindernissen maar mogelijke uitbreidingsruimten!) kan het productieteam uitgedaagd worden haar kennis in te zetten om de verborgen machine gericht te gaan exploiteren.

- Met OEE kunnen 'what-if'-analyses gemaakt worden alvorens er acties opgestart worden. Is het echt niet mogelijk om een bepaalde doelstelling te realiseren? Wat is de echte winst van een bepaalde handeling/verbetering/investering?

> Stel een ingenieur wil een nieuwe laserbesturing op een installatie aanbrengen. Voor welk probleem (verlies!) is dat dan een oplossing? Hoeveel reductie van dat verlies zal deze oplossing gaan realiseren? Hoe dan? Wat zijn de eventuele negatieve bijeffecten van deze oplossing? En wat levert dat dan aan het eind van de dag op? Weegt dat dan wel op tegen de kosten? Zijn er alternatieven om hetzelfde effect te bereiken? Simpele en goedkope oplossingen zonder negatieve bijeffecten? Kan de beoogde winst niet sneller en simpeler bereikt worden door een ander verlies te gaan elimineren?

- Met OEE kan het productieteam zélf pro-actief keuzes maken; welke problemen zij willen aanpakken in welke volgorde, terwijl het management kan blijven monitoren of er wel aan de juiste dingen gewerkt wordt: kortom *wat* er moet gebeuren (de managementtaak) en *hoe* dat gebeurt (de taak van de uitvoerenden) kan hiermee helder gescheiden worden.

- OEE helpt inzicht te krijgen in wat er daadwerkelijk gebeurt en wat bijdraagt aan het proces van continue verbetering. Hij helpt de productievloer met het in kaart brengen van hun prestaties én wat hun daarin hindert. OEE initieert het gewenste gedrag; de verliezen elimineren.

Samenvatting

- Of OEE tot een 'verbetering' leidt, en welke dan, dat is afhankelijk wat u wilt bereiken; er zijn meerdere doelen waarop gestuurd kan worden.

- Een hogere OEE leidt tot méér output. Hoeveel is afhankelijk van de uitgangswaarde van de OEE.

- Twee gelijke OEE's zeggen niets over het volume afval, de mate van stabiliteit van het proces of de gelijkmatigheid van snelheid waarmee het volume geproduceerd wordt.

- OEE kan gebruikt worden om een continu verbeterproces te initiëren en te monitoren, maar OEE kan ook gebruikt worden om een 'what if' -analyse te maken waarmee een vooraf gesteld doel doorgerekend én de realisatie ervan gepland kan worden.

- OEE kan gebruikt worden om verbeterplannen te onderbouwen dan wel te toetsen: op welke manier wordt welk effect bereikt?

OEE VERBETEREN

Vragen om over na te denken...

? Kunt u van alle lopende verbeterplannen aangeven welk verlies ze gaan elimineren wat ze precies gaan opleveren?

? Wordt u, als medewerker van het productieteam, uitgedaagd om te verbeteren?

? Stel, dat u, de productiemedewerker, een briljant idee heeft voor een verbetering. Hoe wordt daar mee omgegaan?

? Stel, u bent lijnmanager en er komt een productiemedewerker met een verbetervoorstel bij u. Op basis waarvan besluit u of dit ingevoerd mag worden? Hoe weet u of u de juiste keuze gemaakt heeft?

? In welke gevallen is méér output van een installatie slecht nieuws?

? Kunt u situaties bedenken waarbij een kostenbesparing slecht nieuws is?

7

Wat bereikt u met OEE?

In dit hoofdstuk:

Welke verbeteringen zijn mogelijk?

Capaciteitsvergroting met OEE

Kostenverlaging met OEE

Gelazerminimalisatie

Betrokkenheid

Respect en Vertrouwen

Veranderen met OEE

Effecten op operators

Effecten op leidinggevenden

WAT BEREIKT U MET OEE?

Hoofdstuk 7

Is het onmogelijke mogelijk?

Door naar het onmogelijke te streven, wordt het best mogelijke bereikt.

Wat gisteren toekomst was, is morgen verleden tijd. Het heeft dus niet veel nut te discussiëren over wat wel en niet mogelijk of realistisch is. Besteedt die tijd liever aan wat u zou willen bereiken. Wat is uw ambitieniveau? En wat moet er gebeuren om op dat niveau te komen?

In het vorige hoofdstuk zag u, dat 'verbeteren' lang niet altijd een echte verbetering hoeft te zijn. In dit hoofdstuk krijgt u een beter idee van wat er met OEE zoal mogelijk is.

WAT BEREIKT U MET OEE?

Resultaat OEE

De OEE-berekening is een meting die dagelijks informatie geeft over hoe effectief de machine functioneert en aan welke van de Zes Grote Verliezen iets gedaan moet worden. OEE is niet de enige indicator waarmee we een productiesysteem kunnen beoordelen. Toch is het een belangrijk instrument voor het gericht en met de juiste prioriteiten verbeteren.

Maar wat levert het op?

Steeds weer wordt de vraag gesteld: 'Hoeveel verbetering is er mogelijk?'

Daar zijn meerdere antwoorden op mogelijk, afhankelijk welke verbetering u zoekt:

- Hoeveel meer output is mogelijk?
- Hoeveel meer kan er binnen spec geproduceerd worden?
- Hoeveel minder 'gelazer' is mogelijk?
- Hoeveel betrouwbaarder kan het proces worden?
- Met hoeveel minder voorraad kan er gewerkt worden?
- Hoeveel kleiner kunnen de batches worden?
- Hoeveel meer ontwikkelings-, en verbetersnelheid is mogelijk?
- Hoeveel zelfstandiger kan het productieteam opereren?

HOEVEEL VERBETEREN?

De verborgen machine

Laten we beginnen met te kijken naar capaciteitsverbetering. In het begin van dit boek werd beweerd dat naast de meeste machines nog een verborgen machine staat. Rond het jaar 2000 analyseerde de auteur van dit boek OEE-data van meer dan 1000 verschillende machines; uit de meest diverse productieprocessen, uit heel de wereld en uit vele branches. Gebruik makend van de definities voor OEE zoals beschreven in de 'OEE Industry Standard' bleek dat verreweg de meeste machines een OEE hadden van grofweg 35 tot 45 %. Dit komt overeen met de vele waarnemingen die hij uit het veld hoorde en zelf zag.

Natuurlijk zijn er grote verschillen. In de farmaceutische industrie zien we vaker dan normaal lage OEE's van onder de 20% of zelfs minder dan 10%. In sommige delen van de automotive industrie daarentegen, komen we opvallend hoge OEE's tegen, soms meer dan 80%.

Verdubbeling van de output

Als u gemakshalve van een gemiddelde OEE van 40% uitgaat, dan kunt u dus 2x zoveel product maken bij een OEE van 80% en is er nog steeds genoeg ruimte over voor test-run's onderhoud etc. Vervolgens moet u bedenken dat dit geldt voor één ploeg. Zolang u niet in vijf ploegen werkt is er dus ook dáár nog extra ruimte om zonder te investeren 'extra machines' te creëren.

Nu zegt u: 'Ja maar ploegentoeslag kost geld'. Dat is waar. Maar stel dat, als u in de huidige productietijd twee maal zoveel product gaat maken én verkopen, en u heeft dán nog markt voor 'een extra machine', gaat u dan een nieuwe fabriek met een nieuwe machine bouwen? Of gaat u de huidige machine tegen een iets hoger tarief verder benutten? Een kwestie van een simpele kosten/baten-analyse!

Halvering van de kosten

Als u op dezelfde machine in dezelfde tijd twee keer zoveel product kunt maken door de heersende verliezen te elimineren, dan betekent dat ook, dat u met dezelfde (vaste) kosten twee keer zoveel product maakt. Oftewel: deze kosten halveren per product! Althans zo ziet het er meetkundig uit. Is dat in de praktijk ook waar? U zou immers kunnen denken dat u daar misschien wel méér kosten voor moet maken, zoals duurder specialistisch onderhoud, of wijzigingen aan de installatie.

Door met name TPM goed toe te passen, lijkt het tegenovergestelde juist het geval te zijn. Door beter gebruik te maken van de kennis van de direct bij de installatie betrokken mensen (operators, TD'ers, product-, en procesdeskundigen etc.) blijken de kosten ook in absolute zin te verlagen.

'Gelazerminimalisatie'

Een operationsmanager vertelde ooit:

'TPM heeft ons een enorme stap vooruit gezet, maar al had het financieel helemaal niets opgeleverd, dan nog zou ik het weer doen. Voor mij is het belangrijkste winstpunt dat dat eeuwige gelazer aan mijn bureau afgelopen is. Onze mensen nemen nu hun eigen dagelijkse operationele beslissingen. Als er iets moet gebeuren of er is een probleem, dan krijg ik goed onderbouwde verhalen waar ik iets mee kan.'

Mits op de juiste manier gebruikt, is OEE veel meer dan een middel om verliezen te identificeren, of om machinecapaciteit te vergroten. OEE kan een geweldig instrument zijn om grootschalige veranderingen op een plezierige manier in gang te zetten.

Betrokkenheid productieteam

Aangezien de machine-effectiviteit in de allereerste plaats de medewerkers op de werkvloer treft, moeten zij in ieder geval betrokken worden in de OEE-bepaling en in de planning en toepassing van machineverbeteringen om verlies aan effectiviteit te blijven beperken. Welke effecten heeft dat?

Effect op de operator

Door dagelijks te meten zal de operator:

- de machine technisch en procesmatig beter leren kennen;

- de aandacht op de verliezen gaan richten;

- zich meer eigenaar van de machine gaan voelen;

- ontdekken dat 'gevoel' en 'feiten' niet altijd met elkaar overeenkomen;

- maar voortaan met feiten kunnen onderbouwen wat er echt aan schort!

Door regelmatig deel te nemen aan (multidisciplinaire) verbeterteams zal de operator:

- brede en diepe kennis over de installatie, het proces en de productieketen ontwikkelen;

- begrip krijgen voor de beperkingen van de organisatie en tevens de mogelijkheden weten te benutten;

- makkelijker communiceren met mensen uit andere afdelingen of disciplines;

- steeds vaardiger worden in het oplossen van nieuwe problemen;

- steeds zelfstandiger in en met het productieteam opereren.

Effect op de leidinggevende

Door in de praktijk te werken met de OEE-gegevens zal de leidinggevende:

- basisgegevens over de procesvoering van de machine te weten komen;

- gericht kunnen onderzoeken waar verliezen optreden en wat de gevolgen daarvan zijn;

- beslissingen nemen over uit te voeren verbetervoorstellen;

- ambitieuze doelstellingen kunnen formuleren op basis van een bekend verbeterpotentieel;

- de juiste feedback kunnen geven aan de operators en aan de andere werknemers die bij de verbetering van de machine betrokken zijn;

- het hoger management op de hoogte kunnen houden van de toestand van de machine en over de verbeterresultaten.

Respect en vertrouwen

In úw bedrijf is het natuurlijk anders, maar er zijn bedrijven waar management en uitvoerenden geen al te hoge dunk van elkaar hebben. Er bestaan nog steeds leidinggevenden die van mening zijn dat de werkvloer haar hersenen bij de portier moet inleveren en gewoon moet doen wat zij zeggen. En er zijn hele hordes productiemensen die vinden dat zij al tien jaar weten hoe het anders moet, maar dat 'ze' gewoon te beroerd zijn om er iets aan te doen'.

Als er wordt doorgevraagd waarom men zo over elkaar denkt, blijkt er vaak een grote kloof te bestaan van wederzijds onbegrip die leidt tot een gebrek aan vertrouwen en soms zelfs tot een pijnlijk gebrek aan respect voor elkaar. En dat terwijl men voor hetzelfde belang staat: samen te werken voor een succesvolle onderneming en er voor te zorgen niet door de concurrent uitgeschakeld te worden!

Niet zelden blijken de verschillende partijen een taal te spreken die niet door elkaar begrepen wordt. De operator spreekt in 'geproduceerde eenheden', de TD'er in 'afgewerkte werkbonnen' en de manager in 'geld'.

OEE geeft verschillende partijen met verschillende 'talen' en 'doelen' een gezamenlijke taal en een rode draad om met elkaar te bepalen wat er gebeuren moet, en hoe men elkaar daarbij kan helpen.

Doordat deze gezamenlijke taal concreet, verifieerbaar én voor iedereen te begrijpen is, kan ze de basis zijn voor het begrijpen van elkaars positie en problemen.

OEE maakt dingen zichtbaar die eerder verborgen waren. Dat kan bedreigend zijn! Gebruik OEE niet als pressiemiddel of als rechtvaardiging om zwartepieten uit te delen. U zou daarmee de wil tot open samenwerking (waar iedereen beter van wordt) langdurig verspelen!

Toon respect en biedt hulp aan, als de ander zich kwetsbaar durft op te stellen. Bedenk hoe ú tegemoet getreden wilt worden als ú straks in die kwetsbare positie bent!

WAT BEREIKT U MET OEE?

Betrouwbaarheid en voorspelbaarheid

Naarmate er meer bronoorzaken van allerlei verliezen weggehaald worden, zal de installatie steeds betrouwbaarder haar werk gaan doen.

- Ongeplande storingen maken plaats voor gepland onderhoud, waardoor de productie niet onverwacht stilvalt, en er geen onnodige frustraties ontstaan.

- Met de invoering van TPM maakt een deel van het gepland onderhoud door derden of TD'ers, plaats voor autonoom onderhoud door operators, waardoor er meer ruimte is voor specialistisch onderhoud terwijl er minder planning nodig is.

- Buffervoorraden (voor het geval dat…) kunnen afgebouwd worden, en batchgroottes kunnen verkleind worden omdat er sneller omgebouwd kan worden.

- Doordat er meer grip is op de essentiële procesparameters, zal een 'vertical startup' steeds realistischer worden: minder inregeltijd, minder aanloopverliezen.

- Als we de installatie op een stabiele snelheid kunnen laten lopen, is zij makkelijker in de keten te integreren, zonder tussenvoorraden om capaciteitsschommelingen op te vangen.

Tactiek: vliegwieleffect

Zoals we eerder zagen, kosten de heersende verliezen veel tijd, geld en ergernis. Iedereen heeft het er vreselijk druk mee, en er is geen tijd om te doen wat er zou moeten gebeuren.

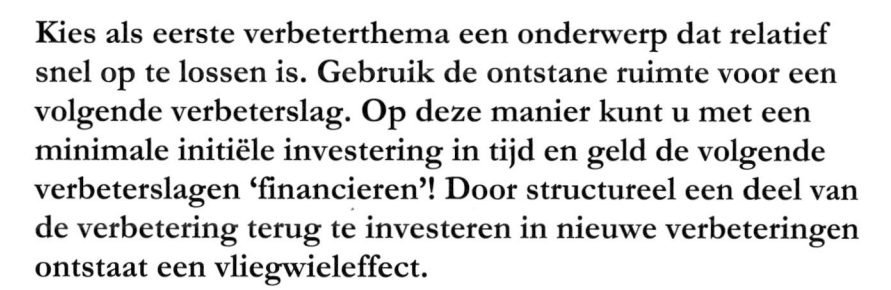

Kies als eerste verbeterthema een onderwerp dat relatief snel op te lossen is. Gebruik de ontstane ruimte voor een volgende verbeterslag. Op deze manier kunt u met een minimale initiële investering in tijd en geld de volgende verbeterslagen 'financieren'! Door structureel een deel van de verbetering terug te investeren in nieuwe verbeteringen ontstaat een vliegwieleffect.

> **'Mislukking is een wees, succes heeft vele vaders'**

Door steeds opnieuw de ruimte te bieden voor verbeterslagen en de resultaten ervan te vieren, ontstaat een soort 'succesverslaving' die zeer aanstekelijk is. Door op één installatie dit effect op te wekken zal al snel het 'ik ook' effect ontstaan. Andere teams zien dat dit team leuk bezig is en daar succes mee scoort en zal dat ook willen.

Samenvatting

- Op een gemiddelde installatie in een gemiddeld bedrijf is niet zelden een *verdubbeling* van de output mogelijk, waarbij de (vaste) kosten *halveren*.

- OEE triggert continue verbeteractiviteiten; door continue bronoorzaken van verliezen te elimineren zal de installatie betrouwbaarder en meer voorspelbaar haar werk doen.

- OEE vormt een gemeenschappelijke 'taal' waarmee diverse disciplines elkaar beter zullen begrijpen; vanuit dat begrip kan wederzijds vertrouwen en respect ontstaan.

- OEE helpt om de 'wat' vraag (te beantwoorden door de leidinggevende) en de 'hoe' vraag (te beantwoorden door het productieteam) beter te scheiden en te beantwoorden.

WAT BEREIKT U MET OEE?

Vragen om over na te denken...

? Denkt u dat het mogelijk is om op uw installatie in dezelfde tijd twee keer zoveel goed product te maken? Kunt u dat met cijfers onderbouwen?

? Hoeveel tijd zou uw TD krijgen voor gepland onderhoud als niet zij, maar de operators zouden gaan inspecteren, smeren en schoonhouden?

? Hoeveel storingen heeft u ten gevolge van bedieningsfouten?

? Wat zou er gaan gebeuren als operators en TD'ers sámen verantwoordelijk zouden zijn voor het herstellen en voorkomen van zulke fouten?

? Wat zou de rol van de leidinggevende daarbij kunnen zijn?

? Voordat u de genoemde verbeteringen kunt gaan oogsten, zal er tijd vrij gemaakt moeten worden voor verbeteractiviteiten. Wiens taak is dat?

? Hoe kunt u een 'gaat niet' en 'kan niet' klimaat ombuigen in een klimaat van succesverslaving met vliegwieleffect?

8

Wat is OEE níet?

In dit hoofdstuk:

De valkuilen van OEE

OEE is geen 'benchmark tool'

OEE is geen 'afrekeninstrument'

OEE is méér dan 'aantallen per uur'

OEE meet geen personen

Negatieve effecten op betrokkenen

WAT IS OEE NÍET?

Hoofdstuk 8

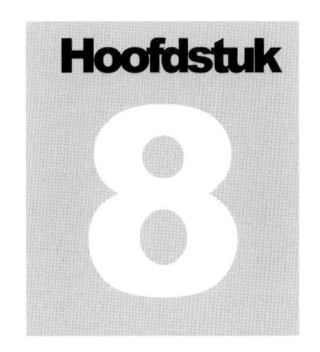

De valkuilen van OEE ...

Helaas blijkt er in de praktijk een aantal hardnekkige misvattingen en terugkerende fouten voor te komen, waardoor menige OEE-invoering soms meer kwaad dan goed heeft gedaan. Na dit hoofdstuk bent u een gewaarschuwd mens!

"Heerlijk, één getal waarmee je je machinepark en zelfs je fabriek met anderen kunt vergelijken!"

"Eindelijk een meetinstrument waardoor ik weet wie hier de problemen veroorzaken!"

"Met OEE kan ik FTE's reduceren!"

Wat OEE níet is...

Sommige dingen kúnnen niet met OEE, andere kunt u beter niet doen omdat ze – hoewel soms verleidelijk – uiteindelijk contra-productief zijn. De belangrijkste thema's worden hier beschreven.

'Aantallen per uur' is slechts een deel van OEE

'Aantallen per uur' is een veel gebruikte prestatiemeter. De effectiviteit van een machine omvat echter méér dan alleen de aantallen die ze per uur maakt.

Wat vindt u van de volgende situatie:

? Een machine maakt in de ochtenddienst 120 delen per uur. Dezelfde machine maakt in de middagdienst eveneens 120 delen per uur. Presteerde de machine in beide diensten evengoed?

Op het eerste gezicht lijkt dit even goed. Maar wat als de ochtenddienst 120 goede delen maakte, en de middagdienst naast de 120 goede delen óók nog 30 afkeurdelen? In totaal produceerde de middagdienst dus méér ('harder' gewerkt!), maar verdiende mínder (de afkeurdelen kosten immers geld!).

OEE is dus niet hetzelfde als 'efficiency' waarmee doorgaans aangegeven wordt hoeveel stuks een machine of persoon per uur of dag gemaakt heeft. Aantallen per tijdseenheid vormen wel een onderdeel van OEE; het komt terug in de 'prestatiegraad'. Daarnaast kijkt OEE ook nog naar twee andere factoren: de 'beschikbaarheid' van de installatie en de kwaliteit van het geleverde product.

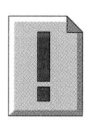

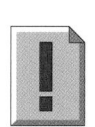

WAT IS OEE NÍET?

OEE is geen benchmark tool

Oefening 5: OEE's vergelijken

Kijk naar de volgende situatie:

? Machine A draait vandaag op 60% OEE. Machine B draait vandaag ook 60% OEE. Presteerden deze machines evengoed?

Uw antwoord: ☐ Ja   ☐ Nee

Kijk opnieuw naar de vorige situatie:

WAT IS OEE NÍET?

> ? Wat als machine A één artikel draaide en machine B drie keer ombouwde en vier verschillende artikelen maakte?
>
> ? Wat als machine A een 'eenvoudig' product maakte en machine B een 'moeilijk' product?
>
> ? Wat als machine A zonder afkeur draaide, en machine B 10% sneller, maar met 10% afkeur draaide?
>
> ? Wat als machine A rustig en regelmatig liep en machine B met kunst en vliegwerk, met hollen en stilstaan liep?
>
> ? Wat als machine A een verpakkingsinstallatie is en machine B een bereidingsinstallatie?

Is het vergelijken van OEE's zinvol?

> ? In welke situatie zou het zinvol kunnen zijn OEE-cijfers met elkaar te vergelijken?

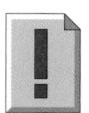

OEE als losstaand getal zegt dus eigenlijk niet veel en mag dus nooit met een ander 'losstaand getal' vergeleken worden. Dit wordt nog erger als er een OEE voor een hele fabriek berekend wordt. Zulke getallen met elkaar vergelijken leidt bijna per definitie tot verkeerde conclusies!

OEE benchmarkt de installatie tegen zichzelf, en wel tegen het theoretische ideaal van de installatie: Ze draait altijd, op hoogste snelheid en zonder kwaliteitsverlies!

WAT IS OEE NÍET?

OEE is geen 'afrekeninstrument'

Veel productieteams zijn in eerste instantie huiverig om gedetailleerd inzicht te geven in de ware verliezen die er op de installatie heersen. Ze vrezen erop afgerekend te worden, terwijl ze in hun beleving geen of maar deels invloed hebben op het voorkomen ervan.

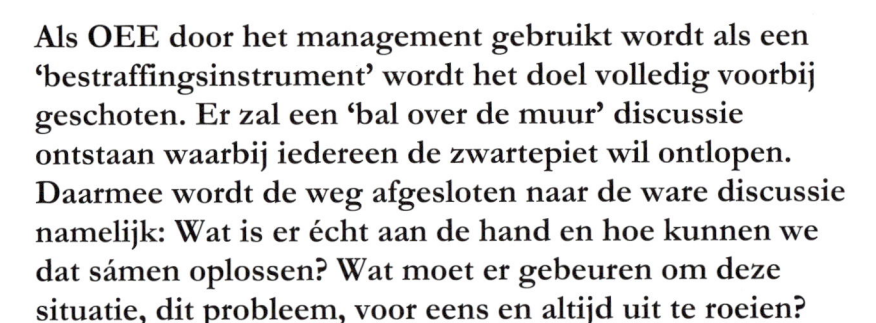

Als OEE door het management gebruikt wordt als een 'bestraffingsinstrument' wordt het doel volledig voorbij geschoten. Er zal een 'bal over de muur' discussie ontstaan waarbij iedereen de zwartepiet wil ontlopen. Daarmee wordt de weg afgesloten naar de ware discussie namelijk: Wat is er écht aan de hand en hoe kunnen we dat sámen oplossen? Wat moet er gebeuren om deze situatie, dit probleem, voor eens en altijd uit te roeien?

Voor veel managers, maar ook voor veel mensen op de vloer vergt dat een totaal andere manier van denken over hoe we met elkaar om willen gaan.

De invoering van OEE laat vaak pijnlijk duidelijk zien hoe groot het wantrouwen tussen verschillende partijen is. Terwijl iedereen juist afhankelijk van de ander is en we allemaal voor hetzelfde bedrijf werken.

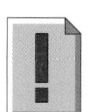

OEE meet geen personen

Met OEE monitoren de operator en zijn productieteam de machine, ofwel het proces dat 'waarde toevoegt', en niet de operator's productiviteit.

Hoewel OEE dus niet bedoeld is om de effectiviteit van de operator te meten, kan het wel als uitgangspunt dienen om een 'labour effectiveness' mee te berekenen. Stel de OEE gaat van 40 naar 45% als we een extra operator inzetten, is dat dan effectief? Ook hier geldt: alleen door heel zorgvuldig te kijken en te begrijpen wat dit betekent mogen er conclusies aan verbonden worden.

OEE verandert niets!

De thermometer aan de muur registreert de temperatuur, maar verandert niets. Zo ook met OEE, ze registreert slechts de verliezen, maar elimineert ze niet.

> Dr Deming:
>
> *"Wie zijn bedrijf uitsluitend runt op basis van zichtbare cijfers heeft na verloop van tijd niet alleen geen cijfers meer, maar ook geen bedrijf."*
>
> *Deming bedoelde hier financiële cijfers mee, en vroeg zich af...*
>
> *"Waar zijn de cijfers over kwaliteits-, en productiviteitsverbetering door samenwerking tussen de afdelingen Ontwikkeling, Productie, Verkoop en Marketing? Wie heeft hier cijfers van? Geeft u eigenlijk wel om winst?"*

Met OEE heeft u de gevraagde indicator. Het is dus zaak om deze 'verliesthermometer' op de juiste manier in te zetten en dat lukt alleen als OEE volledig doorgrond wordt en in een groter geheel past! Een opdracht voor het management!

Negatieve effecten op de productievloer

Voor de medewerker op de vloer kan OEE bedreigend zijn. Stel dat blijkt dat in úw dienst de OEE steeds weer een stuk lager is dan in een andere ploeg. Of dat blijkt dat er regelmatig lang gewacht moet worden op de TD voordat een storing opgelost wordt. Of dat een installatie zeer regelmatig stilvalt omdat er geen aanvoer vanuit een vorige installatie komt.

Stel, u ziet een mogelijkheid om hetzelfde werk met één operator minder te doen, maar u weet niet wat er dan met u of uw collega gaat gebeuren.

Dit zijn allemaal situaties die regelmatig voorkomen en die tot grote onrust en angst kunnen leiden. Achter al dit soort situaties zit een verhaal, er zitten redenen achter waarom dit gebeurt.

Als het management er niet duidelijk over is, dat en hoe men de problemen wil oplossen, en dat wederzijds respect hierbij de basis is, zal de vloer er alles aan doen om niet door datzelfde management 'beschadigd' te raken.

WAT IS OEE NÍET?

Negatieve effecten voor de leidinggevende

Zoals eerder beschreven is de 'toegevoegde waarde' van een leidinggevende níet dat hij de hele dag bezig is met 'ballen in de lucht houden', of met het 'vooruit praten' van de dagelijkse operatie. Het is zijn taak een omgeving te scheppen waarin de dagelijkse operatie rustig en beheerst verloopt, zelfs in een hectische markt. Als deze situatie nu niet bestaat, is het de taak van de leidinggevende deze met zijn team te creëren. Vanuit deze gestabiliseerde omgeving is het vervolgens zijn taak stap voor stap te verbeteren. Kortom:

To govern change; het leiden van het verbeteren.

Dit stelt een aantal voorwaarden aan de leidinggevende die soms als moeilijk ervaren worden:

1. de wetenschap dat híj verantwoordelijk is voor (het scheppen van) een werkend productiesysteem;

2. het geloof dat productiemensen in dit systeem in staat zijn zelfstandig de operatie correct uit te voeren;

3. een managementstijl die productiemensen het vertrouwen geeft dat zij – binnen heldere kaders – zelfstandig kunnen en mogen opereren;

4. de voorwaarden scheppen zodat de vloer actief bezig kan zijn met de juiste verbeteractiviteiten.

5. precies weten *wat* er moet gebeuren om succesvol te zijn, zonder een mening te hebben over *hoe* dat moet gebeuren;

6. niet met de inhoudelijkheid (het *hoe*) van de verbetering te bemoeien, (dat is de taak van de vloer) maar hier hooguit open vragen over te stellen.

WAT IS OEE NÍET?

De invoering van OEE vergt van de leidinggevende bewustwording op bovenstaande punten, waarmee tot dan toe verhuld gebleven zwakheden zich kunnen gaan openbaren. Als de leidinggevende dat niet als een kans ervaart maar als een bedreiging, kan het gebeuren dat de leidinggevende zich terugtrekt in weinig effectief, of zelfs voor zichzelf of anderen schadelijk gedrag.

Probeer als leidinggevende bij onzekerheid, in elk geval niet terug te vallen in autoritair gedrag, of juist in probleemvermijdend gedrag! Maak uw probleem bespreekbaar! 'Ik zie dingen die volgens mij niet goed zijn voor onze concurrentiepositie. Zien jullie die ook? Wat kunnen we er aan gaan doen?' Bedenk dat met een goede SGA[6] nagenoeg elk probleem oplosbaar is!

---

[6] Zie 'Succesvol verbeteren met SGA' uitgegeven door www.FullFact.com

WAT IS OEE NÍET?

Samenvatting

- OEE is níet hetzelfde als efficiency, wat veelal gezien wordt als hoeveel eenheden een machine of persoon kan maken in een bepaalde tijd.

- OEE is geen managementspeeltje, maar een instrument voor het productieteam om mogelijkheden tot verbetering op te sporen en zichtbaar te maken. Met OEE kan het team aantonen hoe succesvol de verbeteractiviteiten zijn.

- OEE is niet geschikt als 'afrekeninstrument' en ook niet als vergelijkingsinstrument om verschillende machines blind met elkaar te vergelijken (benchmarken). OEE benchmarkt de installatie tegen zichzelf in de ideale situatie: ze draait altijd op maximale snelheid en zonder kwaliteitsverlies.

- OEE meet geen personen, maar installaties en indirect de manier waarop er mee om gegaan wordt.

- OEE verandert niets, maar kan gebruikt worden om verandering te initiëren en te volgen; het is een indicator voor verbetermogelijkheden en voor gerealiseerde verandering.

WAT IS OEE NÍET?

Vragen om over na te denken...

? Als je een fabrieks-OEE niet kunt gebruiken om fabrieken mee te vergelijken, kun je het dan wel gebruiken om te zien of een fabriek verbetert?

? Als je al iemand zou willen afrekenen op het realiseren van een bepaalde OEE-stijging; wie zou dat dan moeten zijn?

? Wat zou er in úw bedrijf moeten veranderen om te voorkomen dat productiemensen OEE als een bedreiging zouden kunnen ervaren?

? Wat zou úw management moeten veranderen om de échte problemen in uw organisatie bespreekbaar te maken en aan te kunnen pakken?

9

De invoering van OEE

In dit hoofdstuk:

OEE invoeren in 8 stappen:

1. Selecteer een (pilot) machine
2. Stel OEE-definities op
3. Ontwerp een registratieformulier/-methode
4. Train het team
5. Verzamel OEE-data
6. Verwerk OEE-data
7. Geef feedback aan het productieteam
8. Informeer uw management

Hoofdstuk 9

Brood zonder zout...

Heeft u wel eens brood gegeten zonder zout? Of koffie gedronken met teveel suiker? Een stuk moeten fietsen op slappe banden?

Het zijn soms ogenschijnlijk kleine details die het verschil maken tussen succes of mislukking. Als u OEE invoert volgens het 8-stappenplan heeft u in elk geval alle kritieke punten aandacht gegeven.

OEE, zoals in dit boek beschreven, is meer dan alleen een meetinstrument, het is de basis voor effectiviteitsverbetering. Om dat te bereiken moeten er tijdens de invoering een aantal zaken goed geregeld worden.

U kunt de acht beschreven stappen stuk voor stuk doorlopen. Na de invoering toetst u kritisch stap voor stap waar eventuele verbeteringen aan het meetsysteem aangebracht kunnen worden.

OEE INVOEREN IN 8 STAPPEN

Stap1: Selecteer een (pilot) machine

- Hou het simpel: Het doel van een eerste OEE-invoering is allereerst om te leren hoe OEE werkt. Kies dan een machine die overzichtelijk is en waar niet al te veel verschillende dingen op gebeuren.

- Zoek het juiste team: een team dat graag aan de slag wil heeft de voorkeur boven een 'kan niet, wil niet' team.

- Vorm een stabiel team: Sommige machines lijken wel een duiventil waar elke dag andere mensen aan staan. Zorg dat er een vast team aan de machine staat.

- Koppel een TD'er aan het team: wijs een vaste TD'er toe die het aanspreekpunt vormt en de installatie goed kent.

- Zorg er voor dat de pilot een succes wordt: U krijgt maar één kans voor een eerste indruk. Als u van de eerste meting een succes maakt krijgt u de kans verder te gaan. Bedenk dat er altijd meer mensen staan te wachten op een mislukking bij iets nieuws (zie je wel!) dan er klaar zullen staan om u spontaan te helpen.

Pilot-machines:

voer OEE op díe machine in, waar succes verzekerd is.

Volgende machines:

voer OEE op die machines in waar de focus van de verbeterstrategie moet komen te liggen.

Stap 2. Zet OEE-definities op

Om de meting te kunnen starten moeten er allerlei zaken helder gedefinieerd worden:

- Machines: Op welke machine gaan we meten? Waar begint en eindigt de machine? Gaan we op alle machines meten?

- Tijdscategorieën: Welke soorten tijd gaan we registreren?

- Producten / productgroepen: Gaan we elk artikelnummer volgen of zijn productgroepen voldoende? Is het zinvol om twee identieke producten met een verschillende kleur of label afzonderlijk te identificeren in een verliesregistratie?

- Afkeursoorten: Welke soorten afval en herbewerking gaan we identificeren?

- Definieer maximumsnelheid: Elke product/machine-combinatie kan een eigen maximale snelheid hebben (de 'standaard'), afhankelijk van de capaciteit van de machine en de eigenschappen van het product.

> **De definitie van de te verzamelen gegevens:**
> **- blijft gelijk zolang de machine bestaat;**
> **- kan veranderen als het product of de machine fundamenteel veranderen.**

Voor de volledige discussie rondom definiëring raadpleeg 'The OEE Industry Standard' (zie bijlage).

Oefening 6: De standaard

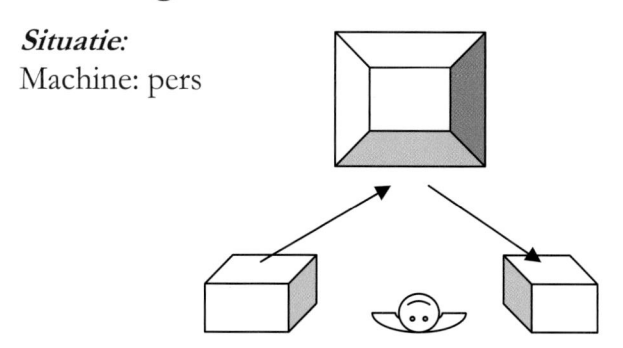

Situatie:
Machine: pers

1. De operator pakt een deel uit de container links.
2. Hij/zij legt het deel in de pers.
3. Na een druk op een knop komt de pers naar beneden, verwarmt en perst het deel en gaat weer omhoog.
4. De operator haalt het deel uit de pers.
5. De operator legt het deel in de container rechts.

Timing:

Deel pakken en in pers leggen	12 sec
Sluiten van de pers	3 sec
Openen van de pers	4 sec
Verwarming & persing product A	45 sec
Verwarming & persing product B	30 sec
Verwarming & persing product C	55 sec
Deel verwijderen en opslaan	7 sec

Opdracht:

1. Wat is volgens u:

Cycle-time (cyclustijd)	
Name Plate Capacity (machinecapaciteit)	
Standaard voor product A	
Standaard voor product B	

OEE INVOEREN IN 8 STAPPEN

Standaard voor product C	

2. Stel, de machine zou in 3 shifts elke shift een ander product draaien. Stel, er is geen kwaliteitsverlies en er zijn geen stilstanden. Wat zou de OEE voor elke shift zijn?

Shift	Productie	Output	Verwachte output	OEE
Ochtend	Product A	388 stuks		
Middag	Product B	545 stuks		
Nacht	Product C	370 stuks		

OEE INVOEREN IN 8 STAPPEN

Oefening 7: De standaard voor een lijn

SITUATIE:

Vier operators bedienen een lijn. Ze bedienen elk één van de vier semi-automatische machines. De machines zijn gekoppeld door een transportband. De delen (altijd dezelfde) worden stuk voor stuk door het proces geleid (One Piece Flow)

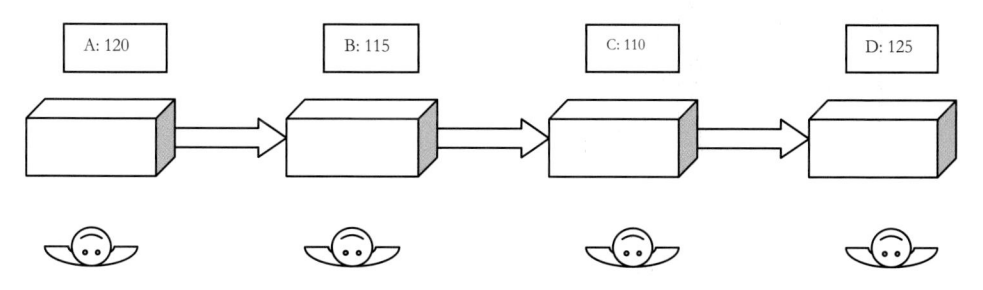

A: 120   B: 115   C: 110   D: 125

Elke machine in deze lijn heeft een andere maximum snelheid tussen de 110 en 125 delen per uur.

Uitdaging:

U voert de OEE in op deze lijn.
Beschrijf uw aanpak:

? Wat is 'de standaard'? Waarom?

? Wat zal uw aandacht hebben; één machine, alle machines, de lijn als ware het een machine?

Wat is het moeilijkst?

Omdat OEE de machine vergelijkt tegen een theoretisch ideaal, is het verleidelijk steeds weer te gaan verklaren dat iets onmogelijk of niet realistisch is. Dat is echter niet de vraag. De vraag is: waar zitten de verliezen, waar zit de *potentiële* verbetering. Zolang niet onderzocht is, wat de bron-oorzaak van een verlies is, kunt u niet weten of ze wel of niet oplosbaar is!

- Leer (potentiële) verliezen *niet* meer te accepteren!
- *durf* verliezen zichtbaar te maken!
- Stop met 'Ja, maar...'!
- Durf voorbij de huidige werkelijkheid te denken ('dat lukt ons nooit!')!
- Zeg nooit 'Dat is toch niet realistisch', voor dat u het diepgaand onderzocht heeft!

Om effectiviteit te verhogen:

Accepteer de situatie niet zolang deze niet ideaal is.

Er zijn geen excuses om niet ideaal te zijn, er bestaan slechts oorzaken van verliezen die verholpen moeten worden!

Stap 3. Ontwerp een OEE-formulier

- Eén vel (dubbelzijdig)

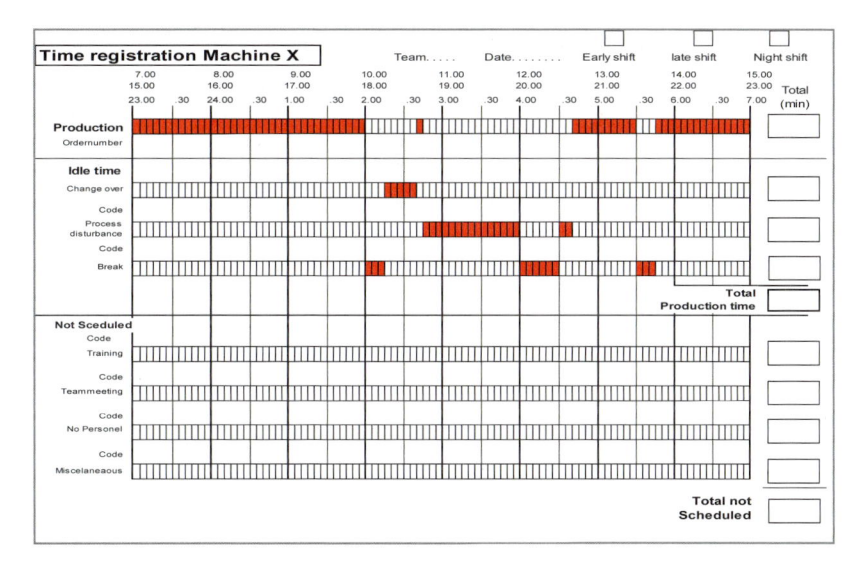

Figuur 5: Voorbeeld voorzijde OEE-formulier

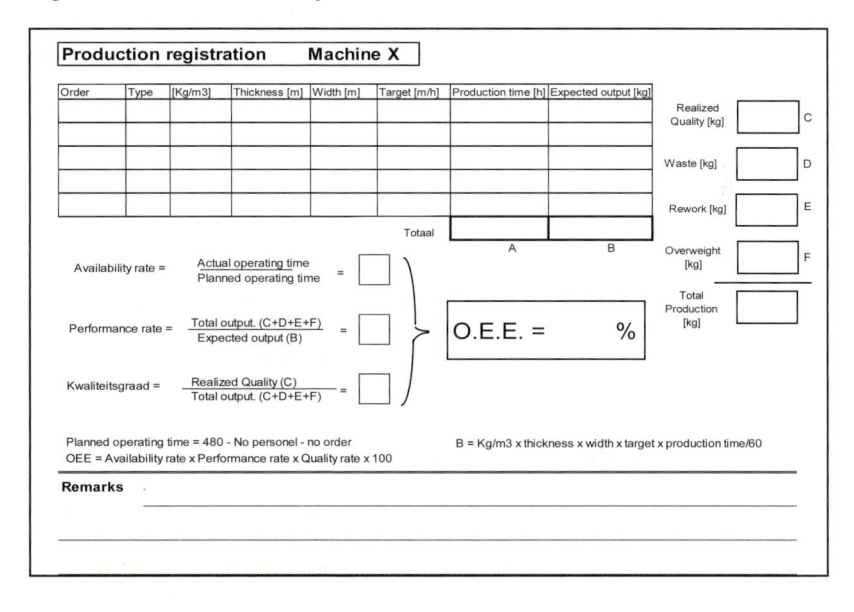

Figuur 6: Voorbeeld achterzijde OEE-formulier

- KISS[7]: Eenvoudig te begrijpen, helder van opzet. Zorg dat het formulier in één oogopslag duidelijk is. Besteedt veel aandacht aan de layout.

- Geen overbodige informatie, tekst etc.: Bedenk van elke letter en van elke lijn op het formulier waarom ze nodig is. Bij twijfel: weglaten!

- Eenvoudig te gebruiken: Let op de juiste volgorde. Wat komt het meest voor? Zet dat bovenaan!

- Handmatig invullen: Niet *beginnen* met computers! Bedenk dat dit formulier een middel is om betrokkenheid en begrip bij de operator te creëren!

- Voeg alle huidige registratieformulieren samen op dit ene formulier: verminder de registratiebelasting om draagvlak voor de nieuwe registratie te verkrijgen.

> **OEE-registratie zal alleen draagvlak vinden als de registratiebelasting acceptabel is.**

---

[7] KISS: Keep It Short and Simple...

Richtlijnen

Als u het goed gedaan heeft voldoet het formulier aan de onderstaande richtlijnen:

- formulier invullen & OEE berekenen (een tot maximaal vijf minuten);

- formulier verwerken (45 – 90 sec.).

Valkuilen

Vermijd de volgende valkuilen:

- OEE formulier is een van de zes, of nog erger: het is een extra formulier boven op de bestaande registraties;

- Geen aandacht & support (het formulier wordt in de organisatie 'gedumpt');

- OEE zien als last i.p.v. essentieel instrument: als OEE gezien wordt als iets extra's 'erbij' mist u de *point*!

OEE INVOEREN IN 8 STAPPEN

Oefening 8: Het berekenen van OEE

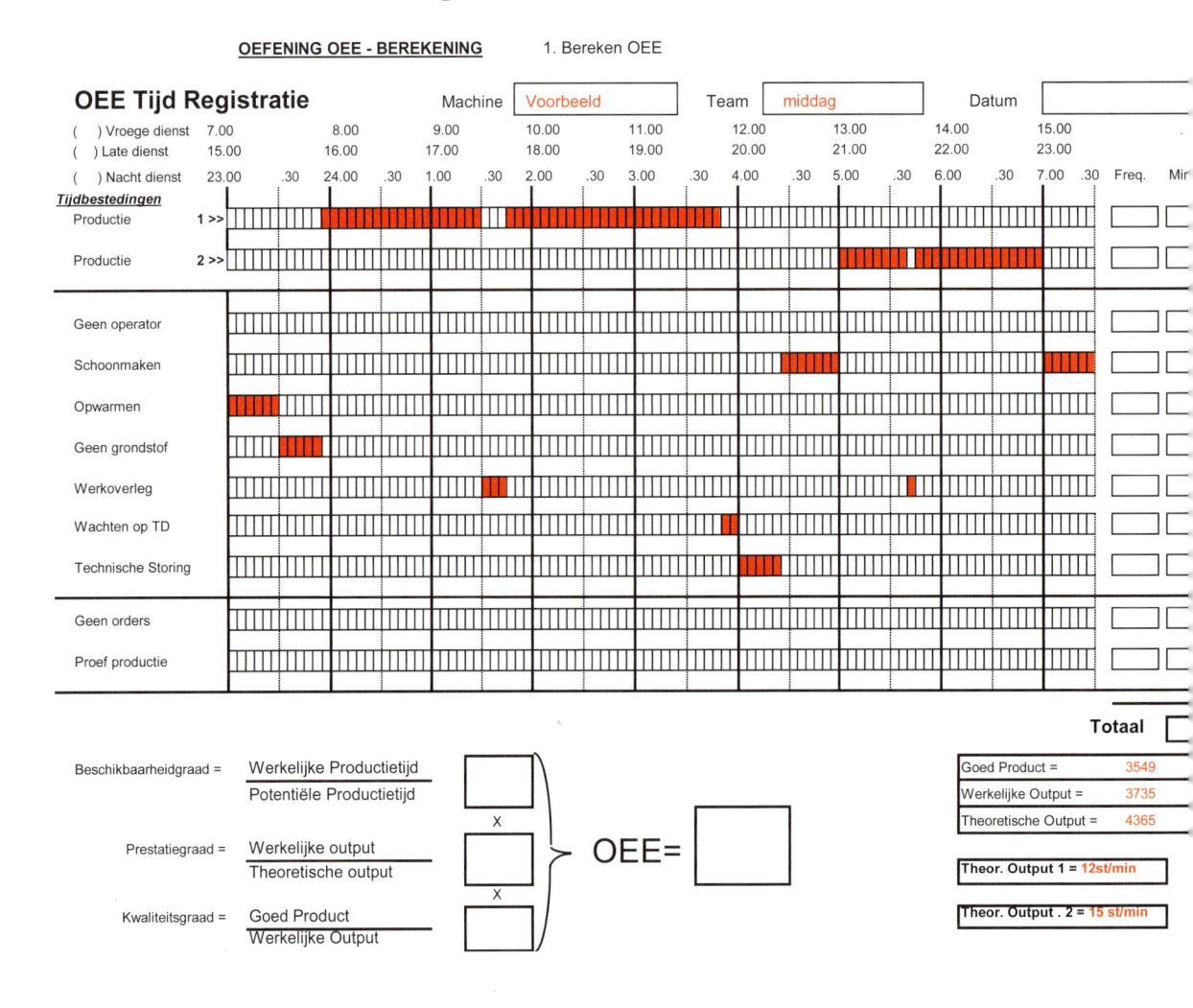

OEFENING OEE - BEREKENING   1. Bereken OEE

OEE Tijd Registratie   Machine: Voorbeeld   Team: middag   Datum:

( ) Vroege dienst 7.00   8.00   9.00   10.00 11.00 12.00 13.00 14.00 15.00
( ) Late dienst   15.00 16.00 17.00 18.00 19.00 20.00 21.00 22.00 23.00
( ) Nacht dienst 23.00 24.00   1.00   2.00   3.00   4.00   5.00   6.00   7.00   Freq. Min

Tijdbestedingen
- Productie 1 >>
- Productie 2 >>
- Geen operator
- Schoonmaken
- Opwarmen
- Geen grondstof
- Werkoverleg
- Wachten op TD
- Technische Storing
- Geen orders
- Proef productie

Totaal

Beschikbaarheidgraad = Werkelijke Productietijd / Potentiële Productietijd

Prestatiegraad = Werkelijke output / Theoretische output

Kwaliteitsgraad = Goed Product / Werkelijke Output

OEE =

Goed Product = 3549
Werkelijke Output = 3735
Theoretische Output = 4365

Theor. Output 1 = 12 st/min
Theor. Output 2 = 15 st/min

Bereken de OEE met behulp van dit reeds ingevuld formulier:

Stap 1. Tel frequenties en tel minuten op (per tijdbesteding).
Stap 2. Bereken **totaa**ltijd (Minuten).
Stap 3. Bereken beschikbaarheidgraad.
Stap 4. Bereken prestatiegraad.
Stap 6. Bereken kwaliteitsgraad.
Stap 7. Bereken OEE percentage.

Stap 4. Train het team

Geef een Kick-off meeting voor het team door iemand met ervaring met OEE. Maak duidelijk 'waarom OEE'.

Zorg dat elk teamlid begrijpt:

- hoe OEE in het algemeen werkt;
- hoe OEE gedefinieerd is voor deze machine;
- dat OEE 'Machine Georiënteerd' is;
- dat 'standaard' iets anders is dan de oude 'norm'.

Zorg voor 'training on the job': de eerste week heeft het team wellicht ondersteuning nodig bij het invullen en verwerken van de gegevens.

Zorg als trainer/begeleider dat u ontdekt welke kennis van machine en proces het team nog meer nodig heeft en pas uw opleidingsprogramma daar op aan.

> **Om OEE te kunnen gebruiken als hefboom voor verbetering, moeten de gebruikers de OEE volledig begrijpen.**

Helaas zien we maar al te vaak dat iedereen in het bedrijf uitgebreid opgeleid mag worden, maar dat er voor het productieteam geen tijd vrij te maken is voor cruciale opleiding. Het is een managementopdracht om hier tijd voor vrij te maken!

INSTRUEREN...?
INSTRUEREN..?
MAN DRUK TOCH
GEWOON OP
EEN KNOP!
ER ZYN ER
GENOEG!
PLOF
PLOF
KADOENG
KADOENG
RIEDEL
RIED

Stap 5. Verzamelen van OEE-data

- Start onmiddellijk na de kick-off meeting: Door de kennis direct te gebruiken krijgt OEE handen en voeten. Bedenk dat elke dag dat u wacht de kennis vervaagt en de aandacht verslapt.

- Zorg dat er gedurende de eerste ploegen een coach beschikbaar is die het team op weg helpt.

- Luister zorgvuldig naar opmerkingen: pas het formulier aan als dit verlangt wordt.

- Geef *onmiddellijk* feedback: laat de resultaten van de eerste metingen al direct *zien*!

Stap 6. Verwerken OEE-data

Vóór de volgende dienst moeten de verzamelde gegevens verwerkt worden. Dit gebeurt bij voorkeur door iemand die kort op het proces zit, maar wel overzicht heeft over verschillende processtappen, bijvoorbeeld een lijn of afdeling.

Als de teamleider de verzamelde data verwerkt:

- Kent hij de feiten (Facts & Figures)?

- Kan hij dagelijks feedback geven aan de operators en TD'ers?

- Kan hij het management informeren over de voortgang én de behoefte aan ondersteuning?

> **De verwerking van OEE-gegevens moet tot maximale informatie leiden bij een minimale registratiebelasting.**

OEE INVOEREN IN 8 STAPPEN

Stap 7. Geef feedback aan de operators

> **OEE is primair een 'operator-tool'
> om bewustwording, focus,
> en 'eigenaarschap' te creëren.**

Hier is het allemaal om te doen: Het productieteam inzicht te laten krijgen in de heersende verliezen.

- Gebruik 'visuele technieken': Snel leesbare grafieken, gekleurde doel lijnen etc. helpen om de informatie vlug duidelijk te maken. Een goede OEE-cockpit is een must!

- Biedt informatie aan 'de volgende ploeg': Alleen snelle feedback is zinvol. Na enkele dagen is de informatie al 'oud bakken' en zinloos!

- Bespreek de informatie met het team: Het doel van OEE is om met elkaar voor elkaar te krijgen dat het werk makkelijker en beter gaat lopen. Dat gaat alleen als de juiste thema's met elkaar besproken worden!

- Vraag '5 keer Waarom': Zoek steeds naar de bronoorzaken van problemen. Wat zit er achter elk verhaal en elk probleem? **Neem deze aanbeveling letterlijk: pas na de 5e keer waarom bent u in de buurt van de bronoorzaak!**

- Help het team om de verliezen te vinden en te elimineren (faciliteren!). Van een productieteam kan niet verwacht worden dat ze op 110% volgepropt met werk zitten én tegelijkertijd met verbeteren aan de slag gaan!

> **Om een hoge opbrengst van de OEE-registratie te krijgen, Is snelle informatie feedback essentieel.**

gegevens ≠ informatie

Informatie: Al die signalen waar mensen daadwerkelijk op reageren (het liefst natuurlijk op de juiste wijze). De rest is 'data'. Dikke rapporten, vellen vol spreadsheet nummertjes, al die memo's in uw bureaula: het meeste is slechts data!

Denkt u bij de kruising: "Wat een grappige rode lamp", en rijdt u gewoon verder? Data! Zorgt de rode lamp dat u stopt voor de kruising? Informatie!

Stap 8. Informeer uw management

Het is de taak van het management om de verbeteringen in de organisatie te managen. Het productieteam kan daarbij helpen door het management van de juiste informatie te voorzien.

- Toon de verbeteringen aan: feiten en cijfers.

- Laat het management de kracht van het team zien.

- Laat zien dat het mogelijk is om met **lage kosten hoge resultaten te krijgen**.

> **Om een hoge opbrengst van de OEE-informatie te krijgen, is aandacht en ondersteuning van het management essentieel.**

Samenvatting

Een effectieve OEE-meting kan in acht eenvoudige stappen ingevoerd worden:

1. Selecteer een (pilot) machine.

2. Stel OEE-definities op.

3. Ontwerp een registratieformulier/-methode.

4. Train het team.

5. Verzamel OEE-data.

6. Verwerk OEE-data.

7. Geef feedback aan het productieteam.

8. Informeer uw management.

OEE INVOEREN IN 8 STAPPEN

Vragen om over na te denken...

? Wanneer is voor u een OEE-invoering geslaagd?

? Na hoeveel tijd bepaalt u of de invoering geslaagd is?

? Wat is de rol van het management voor, en tijdens de invoering van OEE?

? Wie is verantwoordelijk voor het slagen van een OEE-invoering?

? Wie is er verantwoordelijk voor dat het productieteam op de juiste manier de OEE-gegevens verzamelt?

? Wie zorgt voor een goede OEE-cockpit en wie houdt hem up-to-date?

10 Bijlagen

In dit hoofdstuk:

Uitwerking oefeningen

Websites

Literatuur

Training en begeleiding

OEE-software

Bijlage 1: Uitwerkingen oefeningen

Uitwerking 1: Het berekenen van een OEE

Werkblad 1: OEE-berekeningsoefening – één dienst

Machine: BP-4   Datum:

Productietijd		Totale bedrijfstijd (vaak 480 minuten per dienst)	480	Minuten
		Geen productie gepland (geen personeel, geen orders, geen machine nodig, enz.)	0	Minuten
	A	Potentiële productietijd	480	Minuten
Beschikbaarheid		Tijdsverliezen (storingen, wachten, omstelling, lijnremmer, pauze)	160	Minuten
	B	Werkelijke productietijd	320	Minuten
		Beschikbaarheidsgraad (B/A x 100)	66,6	%
Prestatie	C	Theoretische output	144.000	Stuks
	D	Werkelijke output	80.000	Stuks
		Prestatiegraad (D/C x 100)	55,5	%
Kwaliteit	E	Werkelijke output (= **D**)	80.000	Stuks
		Kwaliteitsverliezen (afval, herbewerking)	1.300	Stuks
	F	Goed product	78.700	Stuks
		Kwaliteitsgraad (F/E x 100)	98,4	%
OEE = beschikbaarheid x prestatie x kwaliteit =			36,4	%

Uitwerking 2: OEE 'malverseren'

- Stel, u bent een operator die graag 'goede cijfers' wil laten zien. Probeer een manier te vinden om de OEE-berekening te manipuleren zodat er een betere OEE verschijnt zonder dat er echt meer goede producten gemaakt worden.

OEE kan op twee plaatsen gemanipuleerd worden; daar waar de systeem grenzen liggen. Door de 100% grens te verleggen, zal ook de OEE (die daar een relatieve waarde van vormt) eveneens verschuiven.
De 100% waarde van OEE wordt door twee componenten bepaald:
- *de potentiële draaitijd;*
- *de theoretisch maximale snelheid.*

1. *door te zeggen dat u een **kortere** dienst gemaakt heeft dan in werkelijkheid (door tijd uit de OEE weg te laten) gaat de OEE **omhoog**. U heeft immers de werkelijke output ogenschijnlijk in minder tijd gemaakt*
2. *door te zeggen dat de theoretische snelheid **lager** ligt dan in werkelijkheid, gaat de OEE **omhoog**. Gedurende de werkelijke productietijd heeft u immers **relatief** sneller gedraaid dan in werkelijkheid!*

Uitwerking 4: OEE en output

- Hoeveel procent stijgt de *output* als de OEE stijgt van 30 naar 40%?

40 is 33% méér dan 30! Er ontstaat dus 33% meer product!

- Hoeveel delen maakt deze machine als ze op 40% OEE draait?

500 + (33% * 500) = 666
of:
Als 500 30% is, dan is 1%   (500:30) = 16,6..
40% is dan 40 x 16,6.. = 666

Hoe bereken ik uit mijn OEE-stijging het percentage outputstijging??

$$\left(\frac{Nieuwe\,OEE}{Oude\,OEE} \right) \times 100\% = \%\ output$$

Van 20% OEE naar 40 % OEE is 200%
Oftewel: verdubbeling van de output!

BIJLAGEN

Uitwerking 5: OEE's vergelijken

Het OEE-getal met een ander OEE-getal vergelijken is zinloos. Daarvoor moet men de context kennen. Alleen als we twee gelijke machines met een gelijke productmix en looptijd hebben (bijvoorbeeld een groep machines die allemaal parallel produceren, zou dit kunnen).

U kunt wel de onderliggende data vergelijken: bijvoorbeeld de omsteltijden van vergelijkbare machines of de kwaliteitscijfers van vergelijkbare producten.

BIJLAGEN

Uitwerking 6: De standaard

Wat is volgens u:

Cycle-time (cyclus tijd)*productie-cyclus!***	12+3+4+7+perstijd = 71 / 56 / 81
Name Plate Capacity *machinecyclus!*	7 sec = 8,57 st/min
Standaard voor product A *productcyclus!*	3+4+45=52
Standaard voor product B	3+4+30=37
Standaard voor product C	3+4+55=62

*** Let op het verschil tussen productcyclus, productiecyclus en machinecyclus!*

2. Stel de machine zou 3 shifts elke shift (480 min.) een ander product draaien. Stel er is geen kwaliteitsverlies en er zijn geen stilstanden. Wat zou de OEE voor elke shift zijn?

Shift	Productie	Output	Verwachte output	OEE
Ochtend	Product A	388 stuks	554	70
Middag	Product B	545 stuks	778	70
Nacht	Product C	370 stuks	465	79

BIJLAGEN

Uitwerking 7: De Standaard voor een lijn

Stel de lijn loopt op 110 eenheden...

Als 110 eenheden 100% (standaard) is, draait machine t.o.v. NPC;

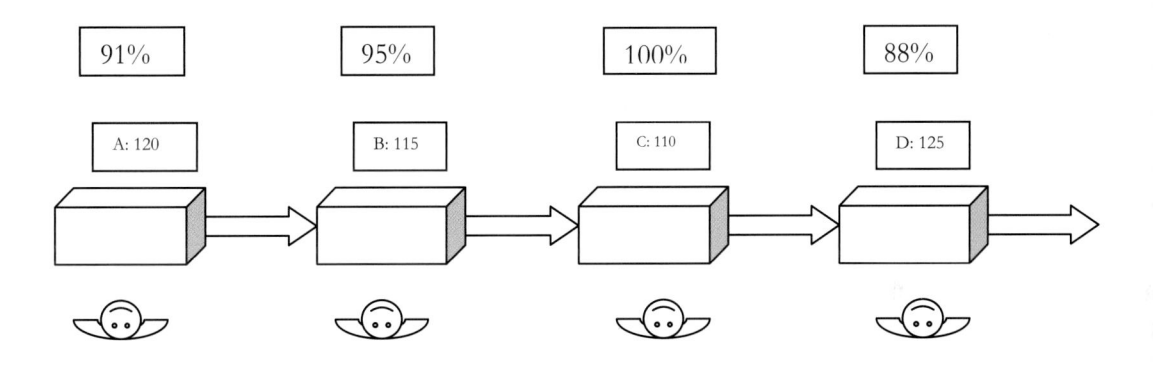

91%	95%	100%	88%
A: 120	B: 115	C: 110	D: 125

- Wat is 'de standaard'? Waarom?

125, Omdat je anders verborgen verbeterpotentieel niet zichtbaar maakt

- Wat zal uw aandacht hebben; een machine, alle machines, de lijn als ware het een machine?

Dit is afhankelijk van operatorbezetting (registratiebelasting!) en de vraag waar u de focus wilt leggen. In lijnen kan met een slimme OEE keuze op strategische punten toch zicht op heel de lijn gekregen worden door bijvoorbeeld stilstandsredenen toe te kennen aan machines voor of achter het registratiepunt (bijvoorbeeld [geen aanvoer tgv storing etiketeermachine]).

Bijzondere situatie: V-shape

In sommige gevallen heeft de ontwerper van een lijn bewust een centrale component tot bottleneck ontworpen.
Dit is bij veel afvullijnen het geval. Deze situatie vergt echter een andere aanpak die buiten het kader van dit boek valt.

BIJLAGEN

Uitwerking 8: Het berekenen van een OEE

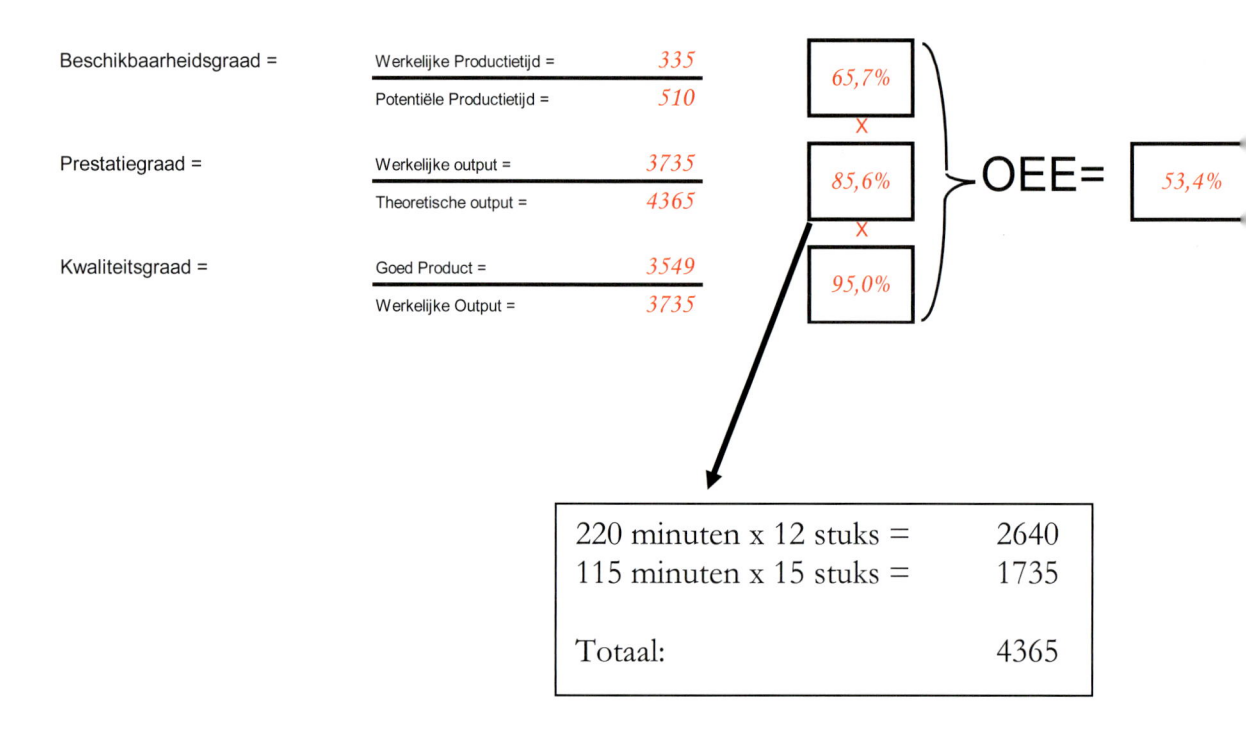

Beschikbaarheidsgraad =	Werkelijke Productietijd =	*335*
	Potentiële Productietijd =	*510*
Prestatiegraad =	Werkelijke output =	*3735*
	Theoretische output =	*4365*
Kwaliteitsgraad =	Goed Product =	*3549*
	Werkelijke Output =	*3735*

65,7%
X
85,6%
X
95,0%

OEE = *53,4%*

```
220 minuten x 12 stuks  =   2640
115 minuten x 15 stuks  =   1735

Totaal:                     4365
```

BIJLAGEN

Bijlage 2: Websites

Zoekt u trainingen of begeleiding bij uw verbeterprogramma?
Kijk eens op **www.BlomConsultancy.nl**

Bekijk de OEE Industrie Standaard op **www.oeestandard.com.**

Wilt u meer informatie over OEE software?
U vindt het op **www.OEEtoolkit.com**

Zoekt u producten ter ondersteuning van uw verbeterprogramma?
www.FullFact.com

BIJLAGEN

Bijlage 3: Aanbevolen Literatuur:

Voor meer interessante boeken kijkt u op: www.FullFact.com

BIJLAGEN

Bijlage 4: Training en begeleiding

BLOM CONSULTANCY

Leading - to World Class Performance

Blom Consultancy, al meer dan 15 jaar ervaring met continu verbeteren

Blom Consultancy bv is al meer dan 15 jaar toonaangevend op het gebied van continu verbeteren. We helpen organisaties om World Class te worden. Dat doen we wereldwijd vanuit ons kantoor in Lieshout (NL), vanuit onze kantoren in België, Duitsland en Hongarije, of met gerenommeerde partners in het buitenland. Maar waar ter wereld ook, we komen altijd bij u op de werkvloer.

Samen met u en uw medewerkers leiden we u naar World Class Performance. We maken daarbij gebruik van onze ervaringen in talloze veranderprocessen, en de beste en meest krachtige methoden en technieken (o.a. Lean, TPM, Six Sigma).

Unieke aanpak
Uniek voor onze aanpak is dat we altijd werken volgens de onderstaande vijf basisprincipes:
1. verliezen zichtbaar maken;
2. teamgericht verbeteren;
3. procesgericht werken;
4. standaardiseren en borgen;
5. mensen kampioenen maken.

De rol van OEE
Met name bij het eerste basisprincipe speelt OEE een belangrijke rol. OEE is een eenvoudig en goed inzichtelijk hulpmiddel bij het verbeterproces omdat:
- het onverbiddelijk de vinger op de zere plek legt (verliezen worden zichtbaar);
- prioriteiten duidelijk worden (de grootste vissen eerst vangen);
- u gefundeerde keuzes kunt maken voor gerichte verbeteringen;
- het resultaat van de verbeteracties direct gevolgd kan worden (de OEE stijgt);
- het eenvoudig en inzichtelijk is voor alle betrokkenen.

De rol van Blom Consultancy
Blom Consultancy helpt u naar continu verbeteren, door middel van:
- invoering van de OEE-meting en toepassing van de OEE Toolkit®;
- workshops voor alle betrokkenen over het effectief benutten van de OEE;
- begeleiding bij het analyseren van de resultaten van de OEE-meting;
- begeleiding bij het opzetten van een World Class verbeterprogramma;
- begeleiding bij het succesvol realiseren van verbeteringen.

Meer informatie?
Blom Consultancy bv
Heuvel 11
5737 BX Lieshout (NL)
T +31 (0)499 – 42 79 79
F +31 (0)499 – 42 79 78
I: www.BlomConsultancy.nl
E: info@BlomConsultancy.nl

BIJLAGEN

Bijlage 5: OEE Software

Mogelijkheden *OEE Toolkit* ®

De *OEE Toolkit* is ontworpen om de prestatie van de machines te meten en beschrijven. Deze tool zal u dagelijks zo gedetailleerd mogelijk informatie verschaffen over hoe effectief uw machines draaien. De *OEE Toolkit* geeft u niet alleen de resultaten van de berekeningen, maar ook grafieken en tabellen van dag-, week- of jaarwaarden voor beschikbaarheid, prestatie en kwaliteit. Bovendien werkt de *OEE Toolkit* met een Andon-systeem om belangrijke veranderingen in de verbetering aan te geven. Met de krachtige visuele indicatoren van de *OEE Toolkit* krijgt u alle mogelijke informatie over de effectiviteit van uw machines.